スポーツキッズとママを応援！

結果に差がつく

勝負めし

ぴー

JN207674

KADOKAWA

Prologue

みなさんこんにちは、ぴーです。

私は10年間、サッカー選手だった夫を食でサポートしてきた経験を生かし、Instagramを中心に、お家ごはんやサッカー少年のママとしてのあれこれを発信しています。

夫の現役ラストイヤーだった2023年に、アスリート妻としての集大成、記録という意味でInstagramアカウントを開設し、今では15万人以上のフォロワーさんに出会うことができました。

現在小学生のサッカーを頑張る息子と、幼稚園生の偏食な娘を育てていますが、サッカースクールのママ友に「試合前はどんなごはんを食べさせたらいいの?」「今日みたいな日はどんなごはんを作っているの?」と、頻繁に聞かれるように。

当時私の親友は、子ども3人を育てながらフルタイムで働いていて、日々のタスクをこなすだけで精一杯。自分時間もほとんどない中で、「アスリートめしってなに?」「ハードルが高すぎる……」と悩んでいました。

そんなママやパパたちが世の中にたくさんいるのでは?と、ハッとしたのを覚えています。専門の国家資格があるわけでもプロの料理家でもない私ですが、微力ながらそんなママやパパの助けになることができたらと強い思いで発信してきました。

アスリートめしというと、何品も並んでいる豪華な食卓を思い浮かべるかもしれないですが、実はそんなこともなく、ポイントさえ押さえていれば品数は多くなくていいというのが私の考えです。

シンプルで再現性の高い、そして大人も子どもも一緒に楽しめるアスリートめしが私の強みだと思っています。

そして、家族にフォーカスを向けてしまいがちですが、サポートしているママやパパにもしっかり栄養を摂って自分を労ってほしいです。

みなさんの心が軽くなる、そんな一冊になったらいいなと思って心を込めて作りました。お楽しみいただけたらうれしいです。

Contents

Prologue …… 2
ぴー流「勝負めし」8つのポイント …… 6
おすすめ食材 BEST5 …… 8
あると便利な手作り麹調味料 …… 10
本書の見方 …… 12

PART 1 MAIN DISH

タンパク質たっぷり **メインおかず**

勝てる生姜焼き …… 14
豚チーズロール …… 15
ちくわと長いもの肉巻き …… 15
豚キム巻き …… 16
絶品豚しゃぶサラダ …… 16
ごぼうと豚肉の甘酢和え …… 17
リカバリー麹ニラ豚 …… 17
具だくさんすき煮 …… 18
豚こまでサムギョプサル風 …… 19
豚バラでもつ鍋風 …… 20
無添加ベーコンと野菜ロースト …… 21
3種のタンパク巾着 …… 22
鉄分麻婆豆腐 …… 22
トマトとチーズのチキンステーキ …… 23
ささみの簡単ヘルシー焼き …… 24
完璧な鶏ハム …… 25
ミネラルチキン …… 25
鶏むね肉の甘酢和え …… 26
ささみの棒棒鶏風 …… 26
麹手羽中チキン …… 27
麹旨辛チキン …… 27
鶏ひき肉と厚揚げのごはん泥棒 …… 28
びっくりいなり …… 29
栄養爆弾ハンバーグ …… 30
カルシウムボール …… 31
ねぎ塩砂肝 …… 31
我が家のレバニラ …… 32
ごちそう秋鮭 …… 33
サバトマチーズ焼き …… 34
サバトマ南蛮漬け …… 35
ごまサバ …… 35
サバの蒲焼き …… 36
サバののり塩 …… 36
マグロのガーリックステーキ …… 37
タラの甘酢和え …… 37
ホタテソテー麹バターソース …… 38
タンパクちくわ餃子 …… 38
ゴーヤチャンプルー …… 39
タンパクチヂミ …… 39

PART 2 SIDE DISH

不足しがちな栄養満点 **サブおかず**

サーモンマリネ …… 42
おつまみポキ …… 43
切り干しと豆苗のリカバリーサラダ …… 43
ニンたまサラダ …… 44
レンチン茶碗蒸し …… 44
納豆麹 …… 45
タンパク巾着 …… 45
豆腐チャンプルー …… 46
泣かれる大根 …… 46
美腸活豆サラダ …… 47
なすとパプリカの中華炒め …… 48
腸活きのこ …… 49
あさり缶としめじの卵とじ …… 49
飲めるトマト …… 50
トマトともずくのサラダ …… 50
ひきトマチー …… 51
ミニトマトの和風マリネ …… 51
ズッチーズロール …… 52
クセになる薬味サラダ …… 53
辛めのきゅうり …… 53
セロリと大根のごまサラダ …… 54
コク旨ごぼうサラダ …… 54
罪な切り干し …… 55
切り干しとあさりの鉄分お浸し …… 55
豚切り干しキムチ …… 56
長ねぎのとろとろ焼き …… 56
生ハムキャロットラペ …… 57
ひじきと野菜の炒り豆腐 …… 57
麹ナムル …… 58
ひじきの鉄分サラダ …… 58
アボきゅうサラダ …… 59
アボカドキムチ …… 59
オイマヨサラダ …… 60
高タンパクサラダ …… 60
さつまいものごまバター …… 61
きなこおさつ …… 61
長いもサラダ …… 62
かぼちゃとさつまいものごま和え …… 62
どこにも負けない! デリサラダ …… 63
新感覚ポテサラ …… 63

PART 3

SOUP

副菜代わりにもなる 具だくさんスープ

腸活みそ玉 …… 68
きのこと切り干しの腸活みそ汁 …… 69
リカバリーあら汁 …… 69
最強の豚汁 …… 70
切り干し大根のみそ汁 …… 71
切り干しキムたま汁 …… 71
アスリート雑煮 …… 72
もずくスープ …… 73
カニたまスープ …… 73
参鶏湯スープ …… 74
担々スープ …… 74
タンパクスープ …… 75
鉄分チャウダー …… 75
包まないワンタンスープ …… 76
モッチーズミネストローネ …… 77
食べるちゃんぽんスープ …… 77

PART 4

STAPLE FOOD

忙しい日の強い味方 主食レシピ

リカバリーカレー …… 80
夏野菜キーマカレー …… 81
照りたまハイカロ丼 …… 82
混ぜ混ぜビビンバ …… 83
リカバリー麹クッパ …… 83
サバ缶ごはん …… 84
豚肉とニラのリカバリー丼 …… 84
高野豆腐 de 高タンパク丼 …… 85
鮭と枝豆の炊き込みごはん …… 85
タコライス …… 86
脳育サバチャーハン …… 87
明太高菜チャーハン …… 87
勝負パスタ …… 88
無水ペンネ …… 88
ワンパンサバ缶パスタ …… 89
鉄分パスタ …… 89
サバトマそうめん …… 90
鶏そば …… 91
にゅうめん …… 91

PART 5

COMPLEMENTARY FOOD

タイミング命！ 補食レシピ

のり塩餅 …… 96
我が家の補食いなり …… 96
バナナとハチミツの糖質トースト …… 97
ピーナッツトースト …… 97
バナナ米粉パウンドケーキ …… 98
米粉どら焼き …… 99
即席おはぎ …… 99
揚げない！ごま団子 …… 100
アスリートチョコ …… 100
腸活リカバリーアイス …… 101
塩キウイ …… 101
簡単ハチミツレモン …… 102
リカバリースムージー …… 102

COLUMN 1 スポーツキッズの〝食の困った〟を解決！ なんでもQ&A …… 40
COLUMN 2 調味料の黄金比で失敗なし！ 栄養満点作り置き …… 64
COLUMN 3 使い方無限大！ あると便利！ スープジャー活用法 …… 78
COLUMN 4 補食におすすめ！ 沼おにぎりレシピ …… 92
COLUMN 5 こんなときどうする!? シチュエーション別献立の組み立て方 …… 103

Index 主な食材別インデックス …… 106
Epilogue …… 111

ぴー流「勝負めし」8つのポイント

本書で掲載している、私の「勝負めし」の8つのポイントをご紹介!
頑張り過ぎず、ほどよく肩の力を抜きながら、
子どもたちにおいしくて栄養満点なごはんを届ける秘訣をお教えします♪

1

おかずは品数に こだわらなくてOK!

スポーツキッズのためのごはんは、たくさんのおかずを作らなければならないと思いがちですが、私の場合、トータルで必要なエネルギーや栄養が補えれば品数は少なくてもOKと考えています。我が家では、具だくさんのスープを作ることで、品数が少なくても栄養バランスのよい献立に。忙しい日や子どもの帰宅が遅い日などは、肉や野菜がたっぷり入った具だくさんの主食で済ますこともあります。

2

タンパク質は 動物性と植物性の両方を摂取

肉や魚介に含まれる動物性タンパク質は、消化吸収が速く運動後の筋肉再生に適しています。また、大豆製品などに含まれる植物性タンパク質は、消化吸収が穏やかで食べ過ぎを防止できたり、食物繊維が豊富で腸内環境を整えてくれたりする働きも。それぞれによさがあるので、我が家では一度の献立でできるだけ両方のタンパク質を摂るよう心がけています。

3

麹を活用して おいしく栄養価もアップ!

麹調味料には消化や吸収を促進したり、腸内環境を整えたりする働きがあります。また、肉や魚などを柔らかくして旨みを引き出してくれる働きも。さらに、疲労回復や体力アップなど、スポーツをする人にうれしい健康効果がたくさんあります。我が家では手作りの麹を作ってさまざまな料理で麹を活用しています。もちろん市販の麹を使っても問題ないので、ぜひ普段の料理に活用してください。

4

どんな栄養を 「摂らないか」も意識!

必要な栄養を摂ることももちろん重要ですが、何を摂らないかも意識しています。例えば、脂質の摂り過ぎは運動パフォーマンスを下げる原因になるので、豚バラ肉はたまのご褒美とし、普段はロース肉を使うことが多いです。また、試合前は食あたりやお腹の調子が悪くなるのを防ぐため、刺身や生卵などといった生ものや、食物繊維が豊富な食材はできるだけ控えます。

5

シンプルな料理で調理の手間を短縮

仕事や子育てをしながら、毎日手の込んだ料理を作るのは難しいもの。私自身２人の子どもを育てているので、忙しい毎日でもいかに無理なくおいしいごはんを作れるかを常に考えて、レシピを考案しています。本書で紹介するレシピも、「調味液に漬けて魚焼きグリルで焼くだけ」や、「フライパンひとつでできる」など、シンプルな調理工程のものが多いので、毎日無理なく作ることができるはずです。

栄養面を気にした食事ばかりでは疲れてしまうので、たまには心の栄養も大切。我が家では、試合後はご褒美DAYとして子どもの好きなものを作ったり、外食をしたりして家族団欒の時間も楽しんでいます！

6

調味料はなるべく無添加を選ぶ

添加物の摂り過ぎは長期的に見ると体に負担をかけることも考えられるので、無理のない範囲で無添加の調味料を選ぶようにしています。また、よい調味料を使うと、シンプルな味つけでも料理の味が格段においしくなるので、自然と使う調味料の種類が減って、料理の負担を減らすことにもつながります。我が家で愛用している調味料をP.9でご紹介しているので、ぜひ参考にしてください。

7

缶詰や乾物を活用して手軽に栄養をプラス

「料理の負担は減らしたいけれど、必要な栄養はしっかり摂取したい！」そんなスポーツキッズママの願いを叶えてくれるのが、魚の缶詰や、切り干し大根、高野豆腐といった乾物食材。例えばサバ缶なら、タンパク質はもちろん、骨まで食べられるのでカルシウムも同時に摂ることができます。また、切り干し大根はカルシウムや鉄分、食物繊維といった不足しがちな栄養素がたっぷり含まれています。

8

糖質は「量」と「質」の両方を意識

エネルギー源となる糖質は、すぐにエネルギーになるものと、ゆっくりエネルギーになるものがあるので、状況に合わせて使い分けています。また、摂り過ぎると腸内環境を悪化させるおそれのある、白砂糖はできるだけ控え、白米、餅、ハチミツ、いも類、果物などからバランスよく摂取するのがおすすめです。

おすすめ食材BEST5

我が家の献立に欠かせない、愛用食材を集めました。
スポーツキッズに必要な栄養がたっぷりで、毎日の献立で使いやすい食材ばかりなので、
ぜひ参考にしてください。

1

切り干し大根

カルシウムやビタミンB群、鉄分、食物繊維といった現代人に不足しがちなビタミン、ミネラルが摂れる優秀食材！　しかも、副菜に入れたり汁ものに入れたりと使い勝手も抜群で、私の料理になくてはならない食材ナンバー1です！

2

キウイフルーツ

疲労回復や筋肉の修復、抗酸化作用など、スポーツキッズに役立つ栄養が豊富に含まれているキウイフルーツ。調理せずそのまま食べられるのもうれしいポイント。我が家では、塩分をプラスした塩キウイ（P.101）を作って、夏の試合に持っていくこともあります。

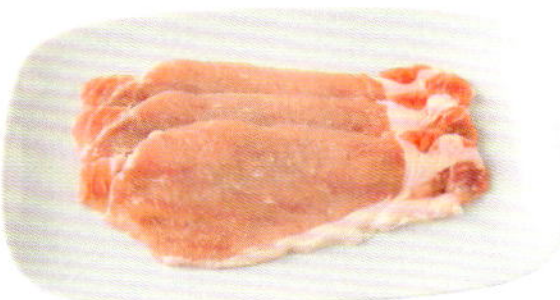

3

豚ロース肉

豚肉は、タンパク質が豊富で疲労回復効果のあるビタミンB_1も含まれているので、意識的に摂りたい食材のひとつ。豚バラ肉は脂質が多いので、ロース肉がおすすめです。火の通りやすい薄切り肉は、時短料理にも大活躍。

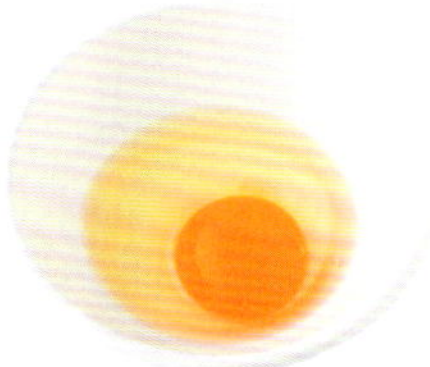

4

卵

体内で合成できない必須アミノ酸がバランスよく含まれています。どんな食材とも相性がいいので、さまざまな料理で使いやすいのも魅力。また、消化、吸収もいいので、朝のタンパク質摂取にもおすすめ！

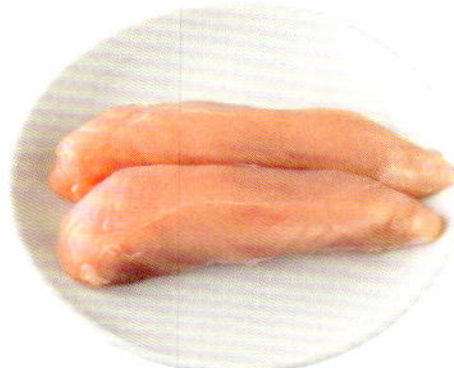

5

鶏ささみ肉

高タンパク低脂質で、脂肪をつけずにしなやかな筋肉をつけたい人にピッタリ。淡白な味わいでどんな食材とも相性がいいので、主菜はもちろん副菜などにも大活躍します。低価格でお財布に優しいのもうれしいポイント。

まだまだあるおすすめ食材

小松菜

鉄分の含有量はほうれん草よりも多く、貧血予防に◎。骨作りに欠かせない、カルシウムも豊富に含まれています。

高野豆腐

大豆の栄養がギュッと詰まった高野豆腐。タンパク質はもちろん、カルシウムや食物繊維、鉄分も含まれています。

ブロッコリースプラウト

脇役のイメージが強いですが、実は栄養価が高く、細胞の老化を防ぎ、免疫力を高めて強い体作りをサポートしてくれます。

青のり

カルシウムや鉄、カリウムなどのミネラルや、食物繊維も豊富な料理の名脇役。ミネラル不足が気になるときに重宝します。

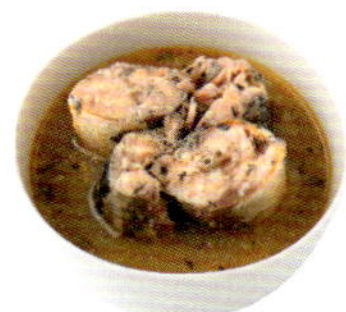

サバ缶

タンパク質のほか、骨まで食べられてカルシウムもたっぷり。そのままでも食べられ、炒め物や煮物などにも大活躍します。

おすすめ調味料

毎日使うものだからこそ、調味料はできるだけ無添加のものを選んでいます。
味もおいしくなるので、料理もワンランク上の味わいに。

〈左〉特選有機本醸造しょうゆ（キッコーマン）
〈中央〉井上こはく（井上醤油店）
〈右〉井上古式じょうゆ（井上醤油店）

〈左〉風味豊かな味わいで、しょうゆ麹を作る際使用。〈中央〉甘酒の優しい甘みでだし料理などと相性◎。〈右〉旨みが凝縮された濃口しょうゆ。

三河味醂
（角谷文治郎商店）

米、米麹、本格焼酎だけを原料に造られる、昔ながらの本みりん。コク深い味わいで、料理のおいしさがアップします。

有機てんさい糖
（ムソー）

雑味がなく優しい甘みで、素材の味を引き立ててくれます。さっと溶けやすく使いやすいところもポイント。

味の母
（味の一醸造）

みりんの旨みと酒の風味を感じる、もろみを醸造して造られた醗酵調味料。これひとつで煮魚や卵料理の味が決まります。

ぬちまーす
（ぬちまーす）

沖縄の海から生まれた海塩。一般の食塩より塩分が 25% も低く、ミネラルが豊富でまろやかな味わい。

有機乾燥麹
（オリゼ）

無農薬無添加で作られた国産乾燥米麹。パラパラしていて使いやすく、我が家では、手作り麹の材料として使用しています。

香りのない有機ココナッツオイル（ココウェル）

ココナッツの香りやクセがないので、普段の料理で使いやすい。酸化しにくいので、炒めものや揚げものなどの加熱調理に◎。

オーガニックガーリックペースト
（メ・ド・プロヴァンス）

フランス産のオーガニックニンニクを、ペースト状に加工。調理用としてはもちろん、そのままバゲットなどにつけても美味。

おすすめグッズ

調理の手間を短縮してくれて、料理の味も底上げしてくれる、
我が家の愛用調理グッズです。

ホーロー鍋
（STAUB）

無水調理はもちろん、我が家ではみそ汁を作るときに大活躍。食材の旨みが凝縮され、料理のおいしさが格段にアップします。

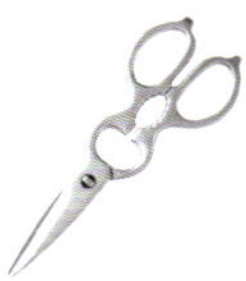

キッチンバサミ
（SAVAQ）

切れ味が抜群で、軽くてとにかく使いやすい！ 分解できるので洗いやすく、衛生面でも安心です。

せいろ
（中華街で購入）

我が家では中華街で購入した二段と三段タイプを愛用。野菜をさっと蒸して食べたいときに便利です。

ホーロー・ガラス保存容器
（iwaki、野田琺瑯）

保存容器としてはもちろん、耐熱性のものならオーブン料理などにも大活躍。サイズ違いでさまざまなものを持っています。

魚焼きグリル天板
（楽天市場で購入）

魚焼きグリルでの調理時に便利な、魚焼きグリル専用天板。この上に直火 OK の耐熱容器をのせて料理することも。

おにぎりメーカー6個
（楽天市場で購入）

補食の定番おにぎりを作るときのマストアイテム。一度に6個、補食にピッタリのサイズで作ることができます。

パストリーゼ77
（ドーバー酒造）

調理器具や保存容器に、さっとスプレーするだけで除菌が完了！ アルコールが数秒で蒸発し、ふき取る手間もありません。

プレスンシール glad ラップ
（GLAD）

真空パックのように液体も逃がさない密封ラップ。魚や果物などもこれに包んで冷凍しておくと、鮮度をしっかり保てます。

あると便利な手作り麹調味料

料理の味わいをワンランク上げてくれるだけでなく、健康にうれしい効果も満点の麹調味料。
本書のレシピでも登場する、
我が家で常備している4つの麹調味料の作り方をご紹介します。

塩麹

塩味のほかに、発酵によって生まれた旨みや甘みで料理のおいしさがアップ！ 肉や魚をふっくら柔らかく仕上げてくれます。

材料（作りやすい分量）

乾燥米麹…100g
塩…35g
水…130ml

作り方

1 ボウルに米麹と塩を入れ、米麹をほぐすように手で混ぜ合わせる。
2 消毒した清潔な保存容器に**1**と水を入れてしっかりと混ぜ合わせ、ふたを閉める。
3 1日1回かき混ぜ、常温発酵で夏場は5日程度、秋冬は1週間前後、冬場は10日前後で完成。

しょうゆ麹

旨みが強く、コクのある味わいが特徴。しょうゆの代わりとして使うのはもちろん、塩麹同様肉や魚の下味としてもおすすめです。

材料（作りやすい分量）

乾燥米麹…100g
しょうゆ…150ml

POINT
作った翌日水分が減ってしまう場合は、麹が吸った分のしょうゆを足しましょう。

作り方

1 ボウルに米麹を入れて手でほぐす。
2 消毒した清潔な保存容器に**1**としょうゆを入れてしっかりと混ぜ合わせ、ふたを閉める。
3 1日1回かき混ぜ、常温発酵で夏場は5日程度、秋冬は1週間前後、冬場は10日前後で完成。

麹調味料のここがすごい

1. 食材の旨みを引き出せる
2. ビタミンB群が豊富で疲労回復が期待できる
3. 酵素の働きでタンパク質の消化を早めてくれる
4. まろやかな塩味で、塩分過多になりにくい
5. 安いお肉でもしっとり柔らかくなる
6. 腸内環境が整いお腹すっきり。肌がツヤツヤに!

ニンニク麹

塩麹にニンニクの香りとコクが加わった万能調味料。ニンニクチューブの代わりとして、さまざまな料理の味付けに重宝します。

材料 (作りやすい分量)

乾燥米麹…100g
ニンニク…50g
塩…35g
水…100ml

POINT
ニンニクの成分によって緑色に変色することがありますが、品質に問題はないのでそのままお使いいただけます。

作り方

1. ボウルに米麹を入れて手でほぐす。
2. 消毒した清潔な保存容器に**1**とすりおろしたニンニク、塩、水を入れてしっかりと混ぜ合わせ、ふたを閉める。
3. 1日1回かき混ぜ、常温発酵で夏場は5日程度、秋冬は1週間前後、冬場は10日前後で完成。

生姜麹

生姜の爽やかな風味が料理のアクセントに。炒めものや和え物、スープまで、さまざまな料理に使うことができます。

材料 (作りやすい分量)

乾燥米麹…100g
生姜…100g
塩…35g
水…120ml

作り方

1. ボウルに米麹を入れて手でほぐす。
2. 消毒した清潔な保存容器に**1**とすりおろした生姜、塩、水を入れてしっかりと混ぜ合わせ、ふたを閉める。
3. 1日1回かき混ぜ、常温発酵で夏場は5日程度、秋冬は1週間前後、冬場は10日前後で完成。

本書の見方

カテゴリー

本書では、章ごとに「メインおかず」「サブおかず」「スープ」「主食」「補食」の５つのカテゴリーに分けて掲載しています。作りたい料理を選ぶときの参考にしてください。

アイコン

練習時　試合前　試合後

「練習時」「試合前」「試合後」のタイミング別に、掲載のレシピをいつ食べるのが最も効果的かを示しています。アイコンに掲載のタイミング以外に食べていただいても問題ありませんが、より効果的に食べたい人はぜひ参考にしてください。
また、シチュエーション別の献立の組み立て方は P.103～105 でもご紹介しています。

材料

材料は、主に大人２～３人分を基本とし、作りやすい分量で記載しています。子どもに与える際は、年齢や成長に合わせて量を調節しましょう。

POINT

料理をおいしく作るポイントや、食材に含まれる栄養素や健康効果について解説しています。体作りをする上で、強化したポイントやお悩みに合わせて料理を選びたい人は、ここも参考にしてみてください。

注意点

・電子レンジやトースターなどの加熱時間は、お使いの機種やメーカーにより異なります。本書の時間を目安に、様子を見ながら調節してください。
・電子レンジを使用する際は、必ず耐熱性の容器や皿を使用しましょう。
・計量単位は、大さじ1＝15ml、小さじ1＝5mlです。
・特に記載のない場合、バターは有塩、しょうゆは濃口、みそはお好みの合わせみそ、砂糖はてんさい糖、塩は天然塩を使用しています。
・冷凍や冷蔵保存をする際は、必ず消毒した清潔な保存容器を使用し、なるべく早く食べ切りましょう。
・レシピ写真に彩りのために添えられている野菜などは、一部材料に記載していません。

STAFF

デザイン：柴田ユウスケ、吉本穂花、鳥居百恵（soda design）　撮影：北原千恵美（COVER、P.2～9、33、64～66、92～94、102～105）、ぴー　スタイリング：木村柚加利（COVER、P.33、64～66、92～94、102～105）、ぴー　調理制作：神野佳奈子（COVER、P.33、102～105）、ぴー　調理補助：鈴木苗久美（COVER、P.33、102～105）　DTP：NOAH　校正：文字工房燦光　編集：上野真依、石坂綾乃（KADOKAWA）

PART 1

タンパク質たっぷり

CATEGORY

MAIN DISH

メインおかず

肉や魚介、大豆食品など、筋肉作りに欠かせないタンパク質たっぷりのメインおかずをご紹介！　ごはんが進むガッツリ系おかずから食欲のない日でも食べやすいさっぱり系おかずまで、バリエーションも豊富なので、その日のコンディションに合わせて召し上がれ。

試合前

勝てる生姜焼き

麹と玉ねぎの酵素の働きで、お肉がふっくら仕上がります。

POINT
豚バラ肉は脂質が多いので、豚ロース肉で作るのがポイント。

材料（2〜3人分）

豚ロース肉…450g
玉ねぎ…1/2個
しょうゆ麹（または塩麹）…大さじ2弱
ニンニク（すりおろし）…小さじ1
A しょうゆ…大さじ1
　みりん…大さじ1
生姜（すりおろし）…小さじ1
米油…適量
炒りごま（白）…適宜

作り方

1 玉ねぎは薄切りにする。
2 豚肉と玉ねぎにニンニクとしょうゆ麹をもみ込み、冷蔵庫で15分以上寝かせる。
3 フライパンに米油をひいて中火で熱し、**2**を入れて焼く。
4 全体に火が通ったらAを加え、しっかり絡めて火を止め、仕上げに生姜を加えて全体に絡める。器に盛り、お好みで炒りごまを散らす。

練習時

豚チーズロール

練習時

ちくわと長いもの肉巻き

POINT

- 豚肉だけだとかたくなりやすいですが、ちくわと合わせることで柔らかく食べられ、タンパク質もアップします。
- 長いもにはビタミンB_1やCが豊富。疲労回復やスタミナアップ効果が期待できます。

豚チーズロール

とろ〜りチーズと豚肉の相性抜群！
ボリューム満点で、子どももパパも大喜びのひと品です。

材料 (2〜3人分)

豚こま切れ肉…300g
キャンディチーズ…15個前後
塩麹…小さじ1(塩小さじ1/2で代用可)
お好みのミックススパイス
…少々(塩小さじ1とこしょうで代用可)
焼肉のタレ…大さじ2
米油…適量
細ねぎ(小口切り)…適宜

作り方

1. 豚肉に塩麹とスパイスをもみ込み、5分おく。
2. **1**を少量取り、チーズを真ん中に入れて包み、軽く握るように丸める。
3. フライパンに米油をひいて中火で熱し、**2**を並べて焼き色がつくまで焼く。
4. 肉に火が通ったら焼肉のタレを絡ませて器に盛り、お好みで細ねぎをのせる。

ちくわと長いもの肉巻き

ビタミン&ミネラル豊富な長いも活用レシピ！
ほくほくとろ〜り食感の長いもがクセになる味わいです。

材料 (2〜3人分)

豚ロース薄切り肉…8枚
ちくわ…4本
長いも…1/3本
焼肉のタレ…大さじ2
炒りごま(白)…適量

作り方

1. 長いもは、ちくわの穴に入るサイズに4本切る。
2. ちくわの穴に**1**を入れ、ちくわ1本に対し豚肉2枚を使って巻く。
3. 巻き終わりを下にしてフライパンに並べ、中火にかけてふたをし、8分ほど蒸し焼きにする。
4. 焼肉のタレを煮絡めて半分に切り、器に盛り、お好みで炒りごまをふる。

MAIN DISH

試合前
豚キム巻き

POINT
キムチが苦手な場合はトマトに代えるのもおすすめ。

豚肉×キムチで疲労を回復!
とろ～りチーズに爽やかな大葉がアクセント。

材料 (2～3人分)

豚ロース薄切り肉…6枚
大葉…6枚
スライスチーズ…2枚
白菜キムチ…適量
塩・こしょう…各少々
炒りごま(白)…適量
米油…適量

作り方

1 スライスチーズは、1枚を縦3等分に切る。
2 豚肉に、大葉→チーズ→キムチの順にのせて巻き、塩・こしょうをふる。
3 フライパンに米油をひいて中火で熱し、2を並べる。豚肉に火が通ったら器に盛り、炒りごまをふる。

試合後
絶品豚しゃぶサラダ

さっぱりヘルシーなのに、ボリュームも満点で、
スポーツキッズの胃袋を満たしてくれること間違いなし!

材料 (2～3人分)

豚ロースしゃぶしゃぶ用肉…350g
トマト…1個
もやし…1袋(200g)
大葉…2枚
A しょうゆ…大さじ3
　酢…大さじ2
　砂糖…大さじ1
　ごま油…大さじ1
　生姜(すりおろし)…適量
　すりごま(白)…適量

作り方

1 鍋にたっぷりの水を入れて火にかけ、沸騰したら弱火にし、豚肉を入れてゆがき、ザルに上げて冷蔵庫でよく冷やす。
2 もやしはよく洗い、600Wの電子レンジで1分ほど加熱し、冷蔵庫で冷やす。
3 トマトは食べやすい大きさに切っておく。
4 器に1～3を盛り、混ぜ合わせたAをかけ、仕上げに細切りにした大葉をのせる。

練習時

ごぼうと豚肉の甘酢和え

POINT
・炒りごまをふって混ぜ合わせた後、10分ほどおくととろみが出て味がなじみ、よりおいしく食べられます。
・ごぼうをれんこんに代えるのもおすすめです。

>>> **お酢の健康パワーで、回復力アップ!**
ごぼうの食物繊維で腸内環境も整います。

材料 (2~3人分)

豚こま切れ肉…400g
ごぼう…1本
片栗粉…適量
塩麹…小さじ1(しょうゆと酒でも代用可)
A | ポン酢しょうゆ…大さじ2
| しょうゆ…大さじ1
| ごま油…小さじ1
| オイスターソース…小さじ1
米油…適量
炒りごま(白)…適量

作り方

1 豚肉に塩麹をもみ込み、少しおく。Aは混ぜ合わせておく。
2 ごぼうは洗って5cm長さに切り、さらに縦半分に切ったら、600Wの電子レンジで2分加熱して、水気をふき取る。
3 1の豚肉にたっぷりめに片栗粉をまぶす。フライパンに多めの米油をひいて中火で熱し、豚肉を揚げ焼きにし、しっかり油を切る。
4 ごぼうに片栗粉をまぶし、3の豚肉と同様に揚げ焼きにする。
5 ボウルに豚肉、ごぼう、Aを入れて混ぜ合わせ、炒りごまをふってよく混ぜ合わせ、器に盛る。

練習時

リカバリー麹ニラ豚

POINT
豚肉にニラだれを絡めてから10分ほどおくと、とろみがついてよりおいしく食べられます。

>>> **疲労回復効果の高いニラと豚肉で、練習後の体をすばやく修復。**
食欲がないときや暑い日にもおすすめです。

材料 (2~3人分)

豚こま切れ肉…300g
ニラ…1/2束
片栗粉…大さじ2
お好みの麹…適量(塩と酒を混ぜたものでも代用可)
A | しょうゆ麹…大さじ2(しょうゆ大さじ1と1/2でも代用可)
| 酢…大さじ2
| ごま油…大さじ1
| ハチミツ…小さじ1
| ニンニク(すりおろし)…小さじ1
米油…適量
炒りごま…適宜
糸唐辛子…適宜

作り方

1 豚肉はお好みの麹をもみ込み、15分以上おく。ニラはみじん切りにし、Aとともにボウルに入れて混ぜ合わせ、ニラだれを作る。
2 豚肉に片栗粉をまぶす。フライパンに米油を多めにひいて中火で熱し、豚肉を入れて揚げ焼きにする。
3 1のニラだれに2とお好みで炒りごまを加えて絡める。器に盛り、お好みで糸唐辛子をのせる。

試合前

具だくさんすき煮

タンパク質がしっかり摂れて食物繊維もたっぷり。卵でとじてごはんにのせても絶品です。

POINT
試合前はきのこ類を減らして牛肉を増やしても◎。

材料（2～3人分）

牛切り落とし肉
（または豚ロース肉）…350g
白菜…1/6玉
ごぼう…1/2本
長ねぎ…1/2本
えのきたけ…1/3株
しいたけ…1個
厚揚げ…1/2枚
しらたき…1袋（200g）

A
水…500ml
砂糖…15g
みりん…50ml
しょうゆ…50ml
酒…50ml

ごま油…適量
温泉卵…1個（適宜）
炒りごま（白・黒）
…各適宜

作り方

1 白菜はざく切り、長ねぎは斜め切り、ごぼうはささがきにする。厚揚げは6等分に切り、えのきたけは石づきを落として縦半分に切り、しいたけは軸を落として細切りにする。しらたきは食べやすい長さに切る。
2 鍋にごま油をひいて中火で熱し、ごぼうを炒める。
3 香りが出てきたら牛肉を加えて炒め合わせる。
4 肉に火が通ってきたら、残りの1の材料とAを加えてしっかりと煮込む。
5 器に盛り、お好みで温泉卵をのせ、炒りごまを散らす。

練習時

豚こまでサムギョプサル風

丸めてこんがり焼いた豚こまが食べごたえ満点！ 葉ものに巻いてヘルシーに召し上がれ。

材料（2〜3人分）

豚こま切れ肉…350g

A｜長ねぎ（白い部分）…5cm（みじん切り）
　｜コチュジャン…大さじ1
　｜みそ…小さじ2
　｜すりごま（白）…小さじ1
　｜ごま油…小さじ1

米油…適量

サンチュ・大葉・白菜キムチ・ニンニク・白髪ねぎ…各適量

作り方

1. Aを混ぜ合わせ、サムジャンを作る。
2. ニンニクはスライスし、フライパンでこんがりと焼く。
3. 豚肉は1枚ずつくるくると丸め、米油をひいて中火で熱したフライパンで両面を焼く。
4. お好みでサンチュや大葉などに**3**をのせ、キムチ、**2**のニンニク、白髪ねぎなどをトッピングして、**1**のサムジャンをつけて食べる。

POINT

本場は豚バラですが、タンパク質が少なく脂質が多いので、豚こまで代用。丸めてカリッと焼くことで、豚バラのような満足感が得られます。

試合後

豚バラでもつ鍋風

家にある食材でパパッとできて、栄養も満点！ お手軽なのに本格的な味わいです。

POINT

豚バラ肉は豚肉の他の部位に比べ、ややタンパク質が少なめなので、タンパク質豊富な副菜をプラスすると、さらに栄養バランスが整います。

材料（2〜3人分）

豚バラ薄切り肉…250g
もやし…1/2袋（100g）
キャベツ…1/6玉
絹ごし豆腐…1丁（300g）
ニラ…1/3束
ニンニク…1かけ
輪切り唐辛子…適量
炒りごま（白）…適量

A
水…500ml
しょうゆ…大さじ2
みりん…大さじ2
鶏がらスープの素（顆粒）…大さじ1
めんつゆ（3倍濃縮）…大さじ1
ニンニク（すりおろし）…適量

作り方

1 キャベツはざく切り、ニラは4cm長さ、ニンニクは薄切りにし、もやしは洗って水気を切る。豆腐は10等分に切る。Aは混ぜ合わせておく。
2 鍋に、キャベツ→もやし→豚肉→豆腐の順に敷き、Aを入れて中火にかける。
3 豚肉に火が通ったら中央にニラをのせ、ニンニク、唐辛子、炒りごまをふる。

練習時

無添加ベーコンと野菜ロースト

豚バラ肉をローストして、ベーコン風に。豪華な見た目で、おもてなし料理としても重宝します。

POINT

・豚肉の火の通りが気になる場合は、焼く15～30分前に常温にしておきましょう。
・豚肉は薄く切ってフライパンでさらに焼き目をつけるように焼くと、ベーコンのような仕上がりに。

材料（2~3人分）

豚バラブロック肉…500g
にんじん…1本
じゃがいも…1個
ズッキーニ…1本
ブロッコリー…適量
しめじ…1/2株
塩麹…大さじ1～2
A ニンニク麹…小さじ2
　オリーブオイル…大さじ1
粉チーズ…適量
ローズマリー…適量
オリーブオイル…適量
塩…適量
ブラックペッパー…適宜

作り方

1 豚肉全体にフォークで穴を開け、まんべんなく塩麹を塗る。ラップでしっかりと密封させ、1時間ほどおく。
2 にんじんは拍子木切り、じゃがいもは4等分に切り、ズッキーニは1cm幅の輪切り、ブロッコリーは小房に分け、しめじは石づきを切り落としてほぐす。
3 天板にオーブンシートを敷き、中央に豚肉をのせ、周りに**2**の野菜を種類ごとにそれぞれ並べる。
4 にんじんに混ぜ合わせたAを塗り、粉チーズをかける。じゃがいもにオリーブオイルをかけ、ローズマリーの葉を散らす。最後にオリーブオイルを全体にまわしかけ、塩をふる。
5 230度に予熱したオーブンで25分ほど焼く。豚肉を食べやすい大きさに切り、野菜とともに皿に盛り、お好みでブラックペッパーをふる。

MAIN DISH

試合前

3種のタンパク巾着

3種の具材が入った栄養満点巾着。動物性と植物性のタンパク質がセットで摂れ、餅入りの巾着は補食にも◎。

材料（2~3人分）

油揚げ…10枚
豚ひき肉…100g
ニラ…1/4束
卵…2～3個
切り餅…1～2個
A｜鶏がらスープの素（顆粒）…小さじ1
　｜オイスターソース…小さじ1
水…300ml
めんつゆ（3倍濃縮）…大さじ2～3

作り方

1 油揚げは油抜きし、1枚を半分に切る。ニラは細かく刻み、餅は半分に切る。
2 ボウルにひき肉とニラとAを入れて混ぜ合わせる。
3 **1**の油揚げ1枚に対し、餅をひとつずつ入れ、つまようじで留める。同様に、**1**の油揚げ1枚に対して、卵をひとつずつ割り入れ、つまようじで留める。残りの油揚げに、**2**を適量ずつ詰め、つまようじで留めて、3種類の巾着を作る。
4 鍋に**3**を並べ、水とめんつゆを加えて具材に火が通るまで煮る。

練習時

鉄分麻婆豆腐

POINT
大人と子ども用で辛さを調節するため、辛味は最後に加えています。

ニラたっぷりで食欲アップ＆鉄分チャージ!
辛さを調節できるので、家族みんなで楽しめます。

材料（2～3人分）

木綿豆腐…1丁（300g）
合いびき肉…350g
ニラ…1/3束
ニンニク…1かけ
A｜水…100ml
　｜鶏がらスープの素（顆粒）…大さじ1
　｜オイスターソース…大さじ1
　｜しょうゆ…大さじ1
　｜みそ…小さじ1
B｜豆板醤…適量
　｜コチュジャン…適量
水溶き片栗粉…片栗粉大さじ1＋水大さじ4
ごま油…適量

作り方

1 ニラとニンニクは細かく刻む。
2 フライパンにごま油と**1**のニンニクを入れて香りが出るまで中火で炒め、ひき肉を加えてさらに炒める。
3 **2**にニラを加えて火が通るまで炒め、Aを加える。
4 沸騰したら豆腐を食べやすい大きさに切って入れ、煮立たせたら水溶き片栗粉を入れてとろみをつける。
5 子ども用を取り分け、大人用は仕上げにお好みの量のBを加えて混ぜ合わせ、器に盛る。

練習時

トマトとチーズのチキンステーキ

こんがりチキンにトマトとチーズが相性抜群。
高タンパクでビタミンやミネラルもたっぷり!

POINT
・鶏肉は平らになるよう切り込みを入れておくと、火が通りやすくなります。
・トマトソースは、パスタや魚料理にかけるのもおすすめ。

材料（2人分）

鶏もも肉…2枚
モッツァレラチーズ…200g
塩…少々
米油…適量
ドライパセリ…適宜

【トマトソース】
玉ねぎ…1個
カットトマト缶…1缶
ニンニク麹…大さじ1
（ニンニクすりおろし2かけ分でも代用可）
砂糖…ひとつまみ
塩…ひとつまみ
ウスターソース…小さじ1
オリーブオイル…適量

作り方

1 【トマトソース】を作る。玉ねぎはみじん切りにする。フライパンにオリーブオイルを熱してニンニク麹を入れ、香りが立ったら玉ねぎと塩を入れ、玉ねぎが飴色になるまで、15分ほど炒める。
2 トマト缶と砂糖を加え、汁気がなくなるまで10分ほど炒める。仕上げにウスターソースを加え、さらに5分炒める。
3 別のフライパンに米油をひいて皮を下にして鶏肉をのせ、塩をふる。中火で熱してホイルをかぶせ、その上から重しをのせて5分焼く。
4 鶏肉を裏返し、5分ほど焼き中までしっかり火を通す。その間に、チーズは600Wの電子レンジで10～20秒ほど加熱して溶かす。
5 鶏肉にチーズとトマトソースをかけ、お好みでドライパセリを散らす。

試合前

ささみの簡単ヘルシー焼き

ニンニクとハーブが香る、簡単トースター焼き。タンパク質と野菜が同時に摂れて栄養も満点。

POINT

- 根菜類は事前にレンジで加熱しておくと、時短になります。
- 耐熱容器からオーブンシートがはみ出ると、発火のおそれがあるので注意しましょう。

材料（2~3人分）

鶏ささみ肉
…3本（200g）
れんこん…小さめ1節
さつまいも…1/4本
ミニトマト…6個
エリンギ…1本
しめじ…適量
塩麹…小さじ1
（塩でも代用可）

A ニンニク麹
…小さじ2
（ニンニクすりおろしと塩ひとつまみで代用可）
オリーブオイル…適量

ブラックペッパー…適量
粉チーズ…適量
オリーブオイル…適量
ローズマリー…適宜

作り方

1 れんこんは皮をむいて1cm幅の輪切りにし、酢水（分量外）に入れて5分さらす。さつまいもは皮ごと1cm幅の輪切りにする。ミニトマトはヘタを取り、エリンギは食べやすい大きさに切り、しめじは石づきを切り落としてほぐす。

2 れんこんの水気をふき取り、ボウルにれんこんとさつまいもを入れ、ふんわりとラップをかけて600Wの電子レンジで3分ほど加熱する。

3 ささみは筋を取り、食べやすい大きさに切って塩麹をもみ込む。

4 オーブンシートをくしゃくしゃに丸めてから広げ、耐熱皿に敷き、オリーブオイルを塗る。

5 4にささみ→れんこんとさつまいも→ミニトマト→きのこ類の順で並べる。

6 混ぜ合わせたAをハケなどで野菜に塗り、全体に粉チーズとブラックペッパーをかけ、あればローズマリーを添えてトースターで15分焼く。

練習時

完璧な鶏ハム

POINT

・脂質の多い皮を取ることで、摂取カロリーは100kcal前後も変わります。
・お酢とゆずこしょうや、ニラだれ(P.64)などをかけて食べるのもおすすめ。

»» **高タンパク低脂質で筋トレ強化の日に最適!**
材料たった2つでお財布にも優しいレシピです。

材料 (2〜3人分)

鶏むね肉…1枚
塩麹…大さじ1
糸唐辛子…適宜

作り方

1 鶏肉は皮をはぎ、全体にフォークで穴を開ける。
2 耐熱の密封袋に鶏肉を入れ、塩麹を加えてよくもみ込み、30分ほどおく。
3 鍋に湯を沸かして沸騰したら火を止め、2を袋ごと入れて1時間おく。
4 鶏肉の中までしっかり火が通ったら、食べやすい大きさに手でさく。皿に盛り、お好みで糸唐辛子をのせる。

試合前

ミネラルチキン

»» **普段のチキンに、粉チーズと青のりを加えることで、**
不足しがちな鉄分やカルシウムをプラス!

材料 (2〜3人分)

鶏もも肉(鶏むね肉でも可)…450g
卵…1個
A | 青のり…大さじ1
| 粉チーズ…大さじ1
| 塩麹…大さじ1(塩小さじ1でも代用可)

作り方

1 キッチンペーパーで鶏肉の水分をふき取り、ひと口サイズに切る。
2 ボウルに卵とAを入れて混ぜ合わせ、鶏肉を加えて絡め、5分ほどおく。
3 魚焼きグリルに鶏肉を並べ、7〜10分ほど焼き、肉に火が通ったら器に盛る。

試合前

鶏むね肉の甘酢和え

POINT
Aを絡めた後、すぐ皿に盛らず5〜10分おくことで、とろみが出ておいしく仕上がります。

>>> **ボリューム満点なのにさっぱりヘルシー!**
ごはんも進むひと品です。

材料（2〜3人分）

鶏むね肉…220g
片栗粉…大さじ2
酒・塩…各少々
A ｜炒りごま（白）…適量
　｜砂糖…大さじ1
　｜しょうゆ…大さじ1
　｜酢…大さじ1
米油…適量

作り方

1. 鶏肉はキッチンペーパーで水気をふき、そぎ切りにして酒と塩をもみ込み、少しおく。
2. 鶏肉に下味をつけている間にAを混ぜ合わせる。
3. **1**の鶏肉に片栗粉をまぶし、多めの米油をひいて中火で熱したフライパンに入れ、片面3分ずつ焼く。
4. ボウルに油を切った**3**を入れ、Aを絡める。

試合前

ささみの棒棒鶏風

POINT
ゆで汁はタンパク質や旨みがあるので、スープなどに活用するのがおすすめです。

>>> **余熱で火を通すことでささみがプリプリに!**
主菜としても副菜としても食べられるひと品。

材料（2〜3人分）

鶏ささみ肉…3本（200g）
きゅうり…1本
トマト…1個
酒…小さじ1
A ｜炒りごま（白）…大さじ3
　｜しょうゆ…大さじ2
　｜砂糖…大さじ1
　｜酢…大さじ1
　｜ごま油…小さじ1
　｜ニンニク（すりおろし）…少々

作り方

1. 鍋に湯を沸かして沸騰したら酒を入れて火を止め、ささみを入れてふたをし、15分ほど余熱で火を通す。
2. きゅうりはせん切り、トマトは輪切りにする。Aは混ぜ合わせておく。
3. 火が通ったらささみを取り出し、食べやすい大きさにさく。
4. 器にトマト、きゅうり、ささみを盛り、Aのタレをかける。

試合後

麹手羽中チキン

»» **少ない調味料&包丁不要のお手軽レシピ。**
魚焼きグリルを使えば、放っておくだけで完成!

材料 (2～3人分)

鶏手羽中…15本
しょうゆ麹…大さじ2
ニンニク(すりおろし)…1かけ分
片栗粉…適量

作り方

1 手羽中はフォークで刺して、しょうゆ麹とニンニクをもみ込み、時間があれば30分以上おく。
2 片栗粉をまぶして直火OKの耐熱皿に並べ、魚焼きグリルで15分ほどじっくり焼く。

練習時

麹旨辛チキン

»» **酢とハチミツで疲れた体をリカバリー!**
大人のおつまみにもピッタリの味わいです。

材料 (2～3人分)

鶏手羽中…15本
塩麹…大さじ2
ニンニク(すりおろし)…少々
ココナッツオイル(または米油)…少々
片栗粉…大さじ2～3
A | しょうゆ…大さじ2
　| ハチミツ…大さじ2
　| 酒…大さじ2
　| 酢…大さじ1
炒りごま(白)…適宜
すりごま(白)…適宜

作り方

1 手羽中に塩麹とニンニクをもみ込んで少しおき、片栗粉をまぶす。
2 フライパンに多めのココナッツオイルをひいて中火で熱し、**1**を並べて10分ほどこんがりと揚げ焼きにする。
3 手羽中に火が通ったらボウルに移す。フライパンをキッチンペーパーでふき取り、Aを加えて煮つめる。
4 手羽中の入ったボウルに**3**のタレを入れて絡めて器に盛り、お好みで炒りごまとすりごまをふる。

試合前

鶏ひき肉と厚揚げのごはん泥棒

ピリッと辛くてごはんが進む！ パパッとできて、時間がない日にも大活躍してくれます。

コチュジャンの量は、お好みで調節してください。子ども用を取り分けてから、最後に入れてもOKです。

材料（2〜3人分）

厚揚げ…4枚
鶏ひき肉…220g
ニラ…1/3束
A | みりん…大さじ2
　| しょうゆ麹…大さじ2（同量のしょうゆで代用可）
　| コチュジャン…小さじ1
　| オイスターソース…大さじ1
米油…適量
糸唐辛子…適宜

作り方

1 厚揚げはキッチンペーパーで油をふき、角切りにする。ニラは細かく刻む。
2 フライパンに米油をひいて中火で熱し、ひき肉を炒める。色が変わってきたら厚揚げを加え、しっかり火を通す。
3 Aを加えて混ぜ合わせ、ニラを加えて炒め合わせ、しんなりしたら器に盛り、お好みで糸唐辛子をのせる。

練習時

びっくりいなり

市販のいなりの皮に、ごはんの代わりに肉だねを入れたびっくりメニュー！　冷めてもおいしくて食べやすいので、お弁当にも◎。

POINT
ニラの代わりに、にんじんや玉ねぎなどを入れてもおいしいです。

材料（2〜3人分）

いなりの皮（市販品）…1袋（10枚入り）
鶏ひき肉…200g
ニラ…1/2束
A｜塩麹…大さじ1（塩小さじ2で代用可）
　｜こしょう…適量
　｜片栗粉…小さじ1
　｜生姜（すりおろし）…適量

作り方

1. ニラは細かく刻んでボウルに入れ、ひき肉とAを加えて混ぜ合わせる。
2. いなりの皮を半分に切って20等分した**1**の肉だねを詰め、いなりの皮の両端を折りたたんで包む。
3. フライパンを中火で熱し、いなりの皮の口を下にして並べ、ふたをして7分焼く（焦げそうな場合は少し水（分量外）を入れてもOK）。
4. 肉に火が通ったら器に盛る。

練習時

栄養爆弾ハンバーグ

切り干し大根やひじきを加えて栄養価をアップ！ ひき肉と大豆でタンパク質もしっかり補えます。

POINT
鶏ひき肉と大豆でタンパク質、切り干し大根でカルシウムと食物繊維、ひじきで鉄分を摂ることができます。

材料（2〜3人分）

鶏ひき肉…400g
切り干し大根（乾燥）…20g
ひじき（乾燥）…大さじ1
蒸し大豆…100g
片栗粉…小さじ1
塩麹…大さじ1（塩小さじ1で代用可）
A｜塩麹…大さじ1（塩小さじ1で代用可）
　｜生姜（すりおろし）…小さじ1（お好みで）
ごま油…適量

作り方

1 ボウルにひき肉を入れ、塩麹を加えてしっかりもみ込む。
2 切り干し大根とひじきは水で戻し、水気を切って細かく刻む。
3 **1**に**2**と蒸し大豆、片栗粉、Aを入れてしっかり混ぜ、4等分にして丸く平らに成形する。
4 フライパンにごま油をひいて中火で熱し、**3**を並べて焼き目がつくまで片面7分ずつ焼く。

練習時

カルシウムボール

>>> チーズと切り干し大根でカルシウムたっぷり!
塩昆布のアクセントで食べ出したら止まらないひと品です。

材料（2～3人分）

鶏ひき肉…300g
しいたけ…2個
切り干し大根（乾燥）…10g
ピザ用チーズ…適量
塩昆布…5g
塩…小さじ1/2
ごま油…適量

作り方

1 切り干し大根は水で戻し、水気を切って食べやすい大きさに切る。しいたけはみじん切りにする。
2 ボウルにごま油以外の材料を入れてよく混ぜ、8等分にし、丸く平らに成形する。
3 フライパンにごま油をひいて中火で熱し、**2**を並べてふたをし、焼き目がつくまで片面4分ずつ蒸し焼きにする。

練習時

ねぎ塩砂肝

>>> 高タンパク低脂質な砂肝で、筋肉作りをサポート。
ねぎ塩ダレがクセになるおいしさです。

材料（2～3人分）

砂肝…250g
長ねぎ…1本
A｜塩…小さじ1
｜ごま油…大さじ1
｜ニンニク（すりおろし）…小さじ1
｜レモン汁…適量
｜こしょう…適量
米油…適量
細ねぎ（小口切り）…適宜

作り方

1 砂肝は2～3カ所ずつ切り込みを入れる。長ねぎはみじん切りにし、Aとともに混ぜ合わせておく。
2 フライパンに米油をひいて中火で熱し、砂肝を入れてしっかり火が通るまで焼く。
3 **1**のねぎだれを加えて絡めて器に盛り、お好みで細ねぎをのせる。

試合前

我が家のレバニラ

鉄分たっぷりのレバーは我が家の定番。ニラともやしを加えたスタミナ満点メニューです。

POINT
レバーの下処理で使う酢は、臭みを取るだけでなく、柔らかく仕上げてくれます。

材料（2〜3人分）

豚レバー…200g
ニラ…1/2束
もやし…1/2袋（100g）
片栗粉…大さじ2
酢…適量（下処理用）
米油…大さじ2
A
- しょうゆ…大さじ2
- みりん…大さじ1
- オイスターソース…大さじ1
- 塩・こしょう…各適量
- ニンニク（すりおろし）…少々

作り方

1 ニラは4cm長さに切る。レバーは酢でもみ、水でしっかりと洗う。
2 Aのタレを混ぜる。
3 レバーの水気をふき、片栗粉をまぶす。フライパンに米油をひいて中火で熱し、レバーを入れて焼く。
4 レバーをフライパンの端に寄せ、ニラともやしを入れて炒める。
5 レバーの色が変わったら、Aを加えて全体に絡める。

試合前

ごちそう秋鮭

疲労回復や抗酸化作用の高い鮭で強い体に!
みそマヨ×ニンニクの風味で食欲をそそるひと品です。

ニンニク麹がない場合は、ニンニクのすりおろしと塩少々で代用できます。

材料（1人分）

鮭…1切れ
キャベツ…1〜2枚
お好きなきのこ（今回はしめじを使用）…適量
A ニンニク麹…小さじ1
　みそ…小さじ1
　マヨネーズ…小さじ1
ブラックペッパー…適量
オリーブオイル…適量

作り方

1. ホイルを広げて両端をひねり、容器を作る。
2. キャベツは手でちぎり、きのこは石づきがあれば切り落とし、ほぐして容器に入れる。
3. 鮭を2の上にのせ、混ぜ合わせたAを塗る。
4. ブラックペッパーをふってオリーブオイルをかけ、トースターで10分ほど焼く。

MAIN DISH

練習時

サバトマチーズ焼き

栄養満点のサバ缶を使って強い体に！　トマトとチーズで魚が苦手な子でも食べやすく仕上げました。

材料（2〜3人分）

サバ缶（水煮）…1缶
カットトマト缶…1缶
しめじ…1/2株
ニンニク…1かけ
砂糖…小さじ1
ピザ用チーズ…適量
オリーブオイル…適量

作り方

1 ニンニクはみじん切り、しめじは石づきを切り落としてほぐす。
2 フライパンにオリーブオイルとニンニクを入れて中火で熱し、香りが立ったらしめじを加えて炒める。
3 トマト缶、汁気を切ったサバ缶、砂糖を入れて3分ほど加熱し、火を通す。
4 耐熱皿に移してピザ用チーズをかけ、トースターでチーズにこんがりと焼き色がつくまで焼く。

POINT

サバ缶はタンパク質が豊富で、骨まで食べられるのでカルシウムもたっぷり。臭みが少なく魚嫌いの子でも食べやすいのでおすすめです。

試合前

サバトマ南蛮漬け

POINT

抗酸化力の高いトマトに含まれるリコピンは、サバの油と一緒に摂ることで、吸収率がアップ。活性酸素を抑えて体の調子を整えるほか、紫外線による皮膚のダメージを予防、軽減する効果も期待できます。

サバ×トマトで疲労回復&免疫力アップ。
マイルドな酸味で暑い日でもさっぱり食べられます。

材料（2〜3人分）

サバ（骨なし）…2切れ
トマト…小さめ1個（またはミニトマト6個）
玉ねぎ…1/2個
A｜オリーブオイル…大さじ3
　｜リンゴ酢（または酢）…大さじ2
　｜塩…小さじ1
　｜ハチミツ（または砂糖）…小さじ1
　｜ドライバジル…適宜
片栗粉…適量
米油…適量

作り方

1 玉ねぎは薄切り、トマトは食べやすい大きさに切る。
2 1とAを混ぜ合わせ、マリネ液を作る。
3 サバは食べやすい大きさに切って片栗粉をまぶす。フライパンに多めの米油を入れて中火で熱し、サバを並べて揚げ焼きにする。
4 2のマリネ液にサバを入れて和える。粗熱を取り、冷蔵庫で冷やす。

練習時

ごまサバ

調味料はすべて同量で作れるお手軽レシピ。
ごまのコクと甘じょっぱい味わいがクセになるひと品です。

材料（2〜3人分）

サバ（骨なし）…3切れ
A｜しょうゆ…大さじ2弱
　｜酢…大さじ2弱
　｜みりん…大さじ2弱
すりごま（白）…大さじ2弱
米油…適量

作り方

1 フライパンに米油をひいて中火で熱し、サバを並べて両面に焼き色をつける。
2 サバに火が通ったらAを加えて絡め、仕上げにすりごまを加えて混ぜ合わせる。

試合前

サバの蒲焼き

POINT
ごはんに混ぜ合わせ、山椒をかけて食べるのもおすすめです。

>>> **甘じょっぱい味つけで魚が苦手な子でも食べやすく ごはんが進むひと品です。**

材料 （2～3人分）

サバ（骨なし）…2切れ
A しょうゆ…大さじ1
　酒…大さじ1
　みりん…大さじ1
　ハチミツ…大さじ1
米油…適量
炒りごま（白）…適宜

作り方

1 サバは食べやすい大きさに切る。
2 フライパンに米油をひいて中火で熱し、サバを焼く。火が通ったらAを加えてとろみがつくまで煮詰め、火を止める。
3 お好みでごはん（分量外）の上にのせ、炒りごまを散らす。

練習時

サバののり塩

POINT
サバは鉄分も含まれているので、仕上げに鉄分の吸収を上げてくれるレモンを絞ると◎。

>>> **揚げ焼きにしたサクサクのサバと のり塩の風味が相性◎。お弁当にもおすすめです。**

材料 （2～3人分）

サバ（骨なし）…2切れ
片栗粉…大さじ2
米油…適量
塩…小さじ1～2
青のり…大さじ1
レモン…適宜

作り方

1 サバは水気をふいて食べやすい大きさに切り、片栗粉をまぶす。
2 フライパンに米油を入れて中火で熱し1のサバを入れ、パリッとするまで揚げ焼きにする。
3 油を切って塩と青のりを絡める。器に盛り、お好みでレモンを添える。

試合後

マグロのガーリックステーキ

練習時

タラの甘酢和え

>>> バターじょうゆとニンニクの香りがクセになる!
ごはんにもお酒にも合うひと品。

材料（2～3人分）

マグロの刺身…300g
ニンニク…1かけ
バター…大さじ1
しょうゆ…適量
細ねぎ(小口切り)…適宜
ブラックペッパー…適宜

作り方

1 マグロの刺身は、お好みで食べやすい大きさに切る。
2 フライパンを中火で熱してバターを溶かし、スライスしたニンニクを焼き、こんがりと色がついたら一旦取り出す。
3 同じフライパンでマグロを焼き、火が通ったら器に盛る。
4 同じフライパンにしょうゆを入れて加熱し、マグロにかける。ニンニクも盛りつけ、お好みで細ねぎを散らし、ブラックペッパーをかける。

>>> 高タンパク低脂質なタラを使った主役おかず。
酢を使って疲れた体をリカバリーしましょう!

材料（2～3人分）

タラ…3切れ
パプリカ…1/2個
ピーマン…1個
じゃがいも…2個
れんこん…小さめ1節
にんじん…1/3本
片栗粉…大さじ2
米油…大さじ4

A
砂糖…大さじ3
リンゴ酢…大さじ3
しょうゆ…大さじ1
みりん…大さじ1
酒…大さじ1
水…大さじ1
片栗粉…小さじ2

炒りごま(白)…適宜
糸唐辛子…適宜

作り方

1 にんじんはいちょう切り、じゃがいもは半分に切って6等分にし、パプリカとピーマンは食べやすい大きさに切る。れんこんは半月切りにし、酢水(分量外)につけておく。
2 耐熱ボウルに、にんじん、じゃがいも、れんこんを入れてふんわりとラップをし、600Wの電子レンジで3分加熱する。
3 タラは食べやすい大きさに切って片栗粉をまぶし、米油大さじ1をひいて中火で熱したフライパンで焼き、一旦取り出す。
4 フライパンに米油大さじ3を入れ、パプリカとピーマン、水気をふいたその他の野菜を揚げ焼きにし、一旦取り出す。
5 フライパンの油をふき、Aを入れて煮立たせ、**3**のタラと**4**の野菜を入れて煮絡める。器に盛り、お好みで炒りごまをふり、糸唐辛子をのせる。

MAIN DISH

練習時

ホタテソテー麹バターソース

>>> 高タンパク低脂質でミネラルが豊富なホタテを主役に。
塩麹バターが旨みを底上げしてくれます。

材料（2～3人分）

ホタテ…6個
バター（無塩）…50g
塩麹…大さじ1
ブラックペッパー（お好みの
　ハーブでも可）…適量
米油…適量

作り方

1 ホタテの表面に、数カ所切り込みを入れる。フライパンに米油をひいて中火で熱し、ホタテを並べ、焼き色がつくまで両面を焼いて器に盛る。
2 バターを常温で溶かして塩麹とブラックペッパーを加えて混ぜる。
3 **1**のホタテに**2**を適量ずつのせる。

練習時

タンパクちくわ餃子

>>> ちくわを加えてタンパク質量をアップ！
包む手間を省いて、お財布にも優しいレシピです。

材料（2～3人分）

ちくわ…3～4本
豚ひき肉…100g
ニラ…1/4束
A　オイスターソース…小さじ1
　酒…小さじ1
　しょうゆ…小さじ1
　片栗粉…小さじ1
　塩麹…小さじ1（塩・こしょう適量で代用可）

作り方

1 ボウルに刻んだニラ、ひき肉、Aを加えてしっかりこねる。
2 キッチンバサミでちくわに縦に切り込みを入れて**1**を詰め、軽く握る。
3 魚焼きグリルまたはトースターで10～15分火が通るまで焼く。

試合後

ゴーヤチャンプルー

試合前

タンパクチヂミ

POINT

・生地が柔らかい場合は、片栗粉を足して調節してください。
・ターナーなどで押しながら焼くと、こんがりおいしく仕上がります。

沖縄のおじぃに教えてもらった我が家の夏の定番！
ビタミンCたっぷりのゴーヤで免疫力もアップ。

材料（2〜3人分）

ゴーヤ…1本
木綿豆腐…1丁（300g）
卵…1個
塩…ひとつまみ
めんつゆ（3倍濃縮）…大さじ2
ごま油…大さじ1

作り方

1 ゴーヤは半分に切り、中をくり抜いて薄切りにし、塩適量（分量外）で塩もみする。卵は溶いておく。
2 フライパンにごま油と塩を入れて中火で少し熱し、豆腐を切らずにそのまま入れる。
3 焼き目をつけながら調理スプーンなどで豆腐をほぐし、フライパンの真ん中を空けて、ゴーヤを入れる。
4 さっと炒めてめんつゆを加え、**1**で溶いた卵を回し入れる。お好みの卵のかたさになったら火を止め、器に盛る。

豆腐と卵でタンパクチャージ。
お好みで酢じょうゆにつけて召し上がれ。

材料（2〜3人分）

木綿豆腐…250g
玉ねぎ…1/6個
にんじん…1/3本
ニラ…1/3束
卵…1個
片栗粉…大さじ2強
鶏がらスープの素（顆粒）…大さじ1
米油…適量
酢じょうゆ…適宜
炒りごま（白）…適宜

作り方

1 豆腐はしっかりと水気を切る。玉ねぎ、にんじんはせん切り、ニラは3cm長さに切る。
2 ボウルに豆腐を入れて泡立て器などで崩し、卵、鶏がらスープの素、片栗粉を加えて混ぜ合わせる。
3 野菜を加えて混ぜ合わせる。
4 フライパンに米油をひいて中火で熱し、**3**を適量ずつ丸く広げ、3分焼いたら裏返してさらに2分焼き、水分を飛ばしながら焼く。
5 器に盛り、お好みで酢じょうゆと炒りごまを混ぜたタレにつけて食べる。

COLUMN 1

スポーツキッズの“食の困った”を解決！

なんでもQ&A

スポーツを頑張っている子どもを応援したい！　というママやパパが抱える、
子どもの食に関するお悩みを、ぴーさんがアドバイス。悩んだときの参考にしてください。

Q 帰宅が遅くなってしまった場合、何を食べさせればいい？

A 消化がよく、火を通したものがおすすめ。

大前提としてよく噛むことがとても大事だと思っているので、私は普段から食べるときに「よく噛んで食べようね！」とひと言添えます。揚げものなどの油は消化に時間がかかって疲労回復が遅くなってしまうので、なるべくヘルシーなものを作るようにしています。我が家では、汁物メインの献立や、フルーツを出すことが多いです。

Q 朝ごはんはどんなものを食べさせるのがいい？

A 白米とみそ汁、プラスタンパク質のおかずが我が家の定番！

我が家では、ここ何年も白米とみそ汁を出しています。夏もみそ汁は必ず出します。夫も現役時代からずっと朝はお米派。すばやくエネルギーになり、消化もパンより早いのでできればごはんを主食とした献立が作れるとベター。タンパク質も必ずひと品は出すようにしていて、朝から肉料理は難しいので卵を出しています。

Q 子どもがお菓子を欲しがるときはどうしたらいい？

A 適量を楽しむならOK！

何事も禁止をしてしまうと子どももストレスになってしまうと思うので、我が家では特にNGな食べものは決めていません。運動前は控えるようにしていますが、何もない日はOKとしています。食べ過ぎない程度で、おせんべいを中心に食べさせていることが多いですね。楽しく食べるのは食育にも大事！

Q 食事だけでは栄養が摂れているか心配。

A まずは食事からの栄養摂取を心がけましょう。

夫は現役中、すべて食事から栄養を摂っていたので、サプリは飲んでいませんでした。息子はグミサプリを食べていますが、栄養目的というよりは、お菓子を食べるならこれを食べたらいいよねといった形で、嗜好品として食べています。まだ小学校低学年なので、プロテインも飲んでいません。

Q 筋トレや練習前の補食で、摂った方がいい栄養素は？

A 消化のよい良質な糖質を意識しましょう。

普段の食事では、特にタンパク質の摂取を意識していますが、補食ではエネルギーになる消化のよい糖質をメインに用意することが多いです。おすすめは白米や餅、ハチミツ、いも類など。筋トレ後は、タンパク質と、筋肉が作られるのを助けてくれるビタミンやミネラルを必ず摂るようにしています。

Q 試合や練習の日のお弁当で、ぴーさんが意識していることは？

A スープジャーの活用や、子どもが喜ぶ工夫を意識。

スープジャーをうまく活用しながら、子どもが「わーっ！」っと喜んでくれるような工夫をしています（詳しくはP.78参照）。また、我が家の男子たちは、試合になると食があまり進まないので、試合時はとにかくおにぎりなどで糖質をメインに、野菜や肉魚などは帰ってきたら補えばいいよね。というのが私の考えです。

PART 2

不足しがちな栄養満点

CATEGORY

SIDE DISH

サブおかず

メインおかずだけでは補いきれないタンパク質や、強い骨を作るカルシウム、腸内環境を整える食物繊維など、スポーツキッズに特に必要な栄養素を詰め込みました。どれも手軽に作れるものばかりなので、あとひと品に悩んだらここをチェック!

試合後

サーモンマリネ

健康維持に欠かすことができない栄養たっぷりのサーモンとアボカドで、強い体作りをサポート！

POINT

・食あたりの可能性のある生物は、試合前は避けるのがベター。練習時期や試合後のご褒美におすすめです。
・玉ねぎの苦味が苦手な人は、最初に玉ねぎを水にさらしてください。

材料（2〜3人分）

サーモン（刺身）…200g
アボカド…1個
玉ねぎ…1/4個
A オリーブオイル…大さじ2
　ワインビネガー…小さじ2
　ハチミツ…小さじ1
　ニンニク麹
　　…小さじ1（すりおろしニンニク1かけ分で代用可）
　ブラックペッパー…適量
ブラックペッパー（仕上げ用）…適宜

作り方

1 アボカドは皮と種を取り除き、角切りにして粗めにつぶす。玉ねぎはみじん切り、サーモンは小さめの角切りにする。
2 ボウルに1とAを混ぜ、冷蔵庫でしっかり冷やす。器に盛り、お好みでブラックペッパーをふる。

試合後

おつまみポキ

POINT
アボカドは軽くつぶしながら混ぜると、味がなじんでよりおいしく食べられます。

>>> ハワイの定番ポキを我が家流にアレンジ！
アスリートにもママの美容にもおすすめです。

材料（2～3人分）

マグロ（刺身）…150g
サーモン（刺身）…100g
アボカド…1個
紫玉ねぎ…1/6個
A｜しょうゆ…大さじ1強
　｜ごま油…大さじ1
生姜（すりおろし）…少々
炒りごま（白）…適量
わさび（チューブ）…適宜
細ねぎ（小口切り）…適量
刻みのり…適量

作り方

1 アボカドは皮と種を取り除き、角切りにする。マグロとサーモンも角切りにし、紫玉ねぎはみじん切りにする。
2 ボウルに**1**とAを入れて混ぜ合わせる。
3 生姜と炒りごま、お好みでわさびを加え、しっかりとなじませる。器に盛り、細ねぎと刻みのりをのせる。

練習時

切り干しと豆苗のリカバリーサラダ

POINT
・ささみは余熱で火を通すことで、しっとり柔らかい仕上がりに。
・キムチ大さじ1とひきわり納豆を加えるのもおすすめ。ひきわり納豆には、骨を丈夫にするビタミンKが豊富なのでケガ予防にもつながります。

>>> カルシウムが豊富な切り干し大根と、カルシウムの吸収を助けるビタミンが豊富な豆苗でケガを予防！

材料（2～3人分）

鶏ささみ肉…3本（200g）
豆苗…1袋（200g）
切り干し大根（乾燥）…30g
きゅうり…1本
のり（三つ切り）…1～2枚
A｜すりごま（白）…大さじ4
　｜酢…大さじ3
　｜しょうゆ…大さじ2
　｜砂糖…小さじ2
　｜ごま油…大さじ1
　｜みそ…小さじ1

作り方

1 鍋に湯を沸かし、火を止めてささみを入れ、ふたをして15分おく。
2 切り干し大根は水で戻し、水気を切って食べやすい長さに切る。豆苗は食べやすい長さに切り、熱湯を回しかける。きゅうりはせん切りにする。Aは混ぜ合わせておく。
3 ささみに火が通ったら手でさき、ボウルに入れる。**2**、A、のりをちぎりながら加え、混ぜ合わせる。

SIDE DISH

練習時

ニンたまサラダ

卵だけでは不足しがちなビタミンCをほうれん草で補うことで、栄養バランスがアップ！

>>> 子どもが大好きなめんつゆマヨ味！
マグネシウムが豊富な炒りごまは、足つり予防にも◎。

材料（2～3人分）

卵…3個
にんじん…1本
ほうれん草…1袋（200g）
炒りごま（白）…大さじ3
マヨネーズ…大さじ1
めんつゆ（3倍濃縮）…大さじ1～2
酢…大さじ1

作り方

1 ほうれん草はさっとゆでて冷水にとり、水気を絞って食べやすい大きさに切る。にんじんは細切りにしてお好みのかたさにゆで、卵もゆでておく。
2 ボウルにすべての材料を入れ、卵をざっくりと崩しながら混ぜ合わせる。

試合前

レンチン茶碗蒸し

POINT
今回は時短で作っていますが、表面をつるんと仕上げたい場合は、200Wで10分加熱してください。

>>> 胃腸に優しくほっこり体が温まる、
遅くなってしまったときの夕食にもピッタリのひと品。

材料（4個分）

卵…2個
白だし…大さじ1
水…200ml
シーフードミックス…適量
かまぼこ…4切れ
三つ葉…適宜

作り方

1 卵は溶き、白だしと水を加えて混ぜ合わせる。
2 4個の耐熱の器に、シーフードミックスとかまぼこを入れ、1の卵液をこしながら1/4量ずつ注ぐ（残った白身は入れない）。
3 お好みで三つ葉をのせてふんわりとラップし、600Wの電子レンジで4個同時に5分加熱する。

練習時

納豆麹

POINT
・我が家では大さじ2を目安にごはんや麺類にかけて食べています。
・保存期間は冷蔵で10日ほどが目安です。

ごはんのお供にピッタリな我が家の定番！
納豆と麹の発酵パワーが体の調子を整えてくれます。

材料（作りやすい分量）

乾燥麹…100g
納豆…3パック
にんじん…1/3本（半分でもOK）
塩昆布…5g
A｜しょうゆ…大さじ3
　｜みりん…大さじ3
　｜酒…大さじ3

作り方

1 鍋にAを入れて沸騰させ、冷ましておく。にんじんはせん切りにする。
2 消毒をした保存容器に麹をほぐし入れ、にんじん、塩昆布、納豆を入れる。
3 冷めたAを加えて混ぜ、1～2日ほど常温で発酵させ、冷蔵庫で保管する。

試合前

タンパク巾着

POINT
・キムチを入れてもおいしいです。
・しょうゆと生姜を混ぜたタレか、ポン酢しょうゆと七味唐辛子を混ぜたタレにつけて食べるのがおすすめです。

主菜でタンパク質が足りなかったときのサブおかずは
これで決まり！　大人の晩酌のお供にもよく合います。

材料（2～3人分）

納豆…1パック
油揚げ…2枚
ピザ用チーズ…ひとつまみ
大葉…2枚
長ねぎ…5cm
しょうゆ麹…小さじ1（納豆の付属のタレ1袋で代用可）

作り方

1 長ねぎと大葉は細かく刻む。
2 納豆はよく混ぜ、1とピザ用チーズ、しょうゆ麹を入れて混ぜ合わせる。
3 キッチンペーパーで油をふいた油揚げを半分に切り、2を中に詰めてつまようじで留める。
4 フライパンを中火にかけ、油はひかずに3を並べて焼き色がつくまで両面を焼く。

SIDE DISH

試合前

豆腐チャンプルー

>>> 豆腐、ちくわ、卵を使ったタンパク質たっぷりおかず。
家にある食材でパパッとできる手軽さも魅力です。

材料（2〜3人分）

木綿豆腐…1丁（300g）
小松菜…1/2袋（100g）
ちくわ…4本
卵…2個
ごま油…適量
めんつゆ（3倍濃縮）…大さじ1と1/2
かつお節…適宜

作り方

1 小松菜は3cm長さ、ちくわは斜め切り、豆腐は食べやすい大きさに切る。卵は溶く。
2 フライパンを熱してごま油をひき、豆腐を入れて焼き色をつける。
3 ちくわと小松菜を加え、火が通ったらめんつゆを加えて卵をまわし入れる。
4 優しく混ぜ、全体になじんだら器に盛り、お好みでかつお節をかける。

試合前

泣かれる大根

POINT
大根に含まれる消化酵素は加熱すると失われてしまうので、生で食べるのがおすすめです。

>>> 子どもが泣いて喜ぶほどおいしいお手軽レシピ。
野菜嫌いな我が家の娘もパクパク食べてくれます。

材料（2〜3人分）

大根…1/2本
A 砂糖…大さじ1
しょうゆ…大さじ2
ごま油…大さじ1強
すりごま（白）…適量

作り方

1 大根はせん切りにし、ボウルに入れてAと和える。

練習時

美腸活豆サラダ

>>> タンパク質、ビタミン、ミネラル、食物繊維が同時に摂れる、
美容にも健康にもうれしいひと品です。

材料 (2〜3人分)

ミックスビーンズ…1缶
ツナ缶(水煮)…1缶
ミニトマト…5個
ドライパセリ…適宜

A
ニンニク麹
…小さじ1(塩麹または塩小さじ1とニンニクすりおろし少々で代用可)
オリーブオイル…大さじ2
ブラックペッパー…適量
粉チーズ…適量
ワインビネガー
…大さじ1(同量のレモン汁で代用可)

作り方

1 ミニトマトは半分に切る。
2 ボウルに、ミニトマト、汁気を切ったツナ缶、ミックスビーンズを入れ、Aを加えて混ぜ合わせる。器に盛り、お好みでパセリを散らす。

試合後

なすとパプリカの中華炒め

フライパンひとつでパパッと5分で完成!
肉と野菜たっぷりで、主菜としても副菜としても◎。

POINT
強火で短時間で炒めるのがポイント。

材料（2〜3人分）

- 合いびき肉…300g
- パプリカ…1/2個
- なす…1個
- しいたけ…2個
- A オイスターソース…大さじ1
- A しょうゆ…大さじ2
- A 砂糖…小さじ1
- A みりん…小さじ1
- ごま油…適量
- ブラックペッパー…適宜

作り方

1. なすは皮ごと縦半分に切ってから6等分、パプリカは種とワタをとって小さめの乱切り、しいたけは軸を取って食べやすい大きさに切る。
2. フライパンにごま油をひいて強火にかけ、ひき肉を入れて炒める。
3. 肉の色が変わってきたら、なす→しいたけ→パプリカの順に炒め、Aを加えてさっと混ぜ合わせ、お好みでブラックペッパーをふる。

練習時

腸活きのこ

試合前

あさり缶としめじの卵とじ

POINT
・お好みで山椒をかけるとおいしいです。
・試合前の場合は、食物繊維の多いしめじの食べ過ぎには注意しましょう。

食物繊維たっぷりのきのこで腸内環境を改善！
きのこはカルシウムの吸収を助け、ケガの予防にも◎。

材料 (2〜3人分)

えのきたけ…1袋
まいたけ…1袋
しめじ…1株
A | ニンニク(すりおろし)…少々
　| 酢…小さじ1
　| めんつゆ(3倍濃縮)…大さじ3
ブラックペッパー…適量
オリーブオイル…適量
細ねぎ(小口切り)…適宜

作り方

1. きのこは石づきがあれば切り落として食べやすく切り、しっかり洗う。
2. フライパンにオリーブオイルをひいて中火で熱し、**1**のきのこを入れて火を通す。
3. Aを入れて炒め合わせ、仕上げにブラックペッパーをふって味を調える。
4. 器に盛り、お好みで細ねぎをのせる。

子どもに多い隠れ貧血の予防におすすめのあさりを使ったお手軽おかず。卵でタンパク質もチャージ！

材料 (2〜3人分)

あさり缶…1缶
しめじ…1/2株
卵…2個
塩…ひとつまみ
めんつゆ(3倍濃縮)…大さじ1
米油…適量
細ねぎ(小口切り)…適宜

作り方

1. 卵は溶いて塩を加え、しめじは石づきを切り落としてほぐす。
2. フライパンに米油をひいて中火で熱し、しめじを入れて軽く炒め、あさりとあさり缶の汁を少し加えて炒め合わせる。
3. めんつゆと卵をまわし入れ、卵がお好みのかたさになったら火を止める。器に盛り、お好みで細ねぎをのせる。

試合前

飲めるトマト

練習時

トマトともずくのサラダ

>>> トマトのリコピンが紫外線ダメージを抑え、健康をサポート！
ツナの旨みが加わり、飲みほしたくなるほどのおいしさ。

材料（2〜3人分）

トマト…小4個（大2個でもOK）
玉ねぎ…1/4個
ツナ缶（水煮）…1缶
A｜オリーブオイル…大さじ1
　｜ニンニク麹
　｜　…小さじ1（同量のニンニクすりおろしでも代用可）
　｜塩…ひとつまみ
　｜ワインビネガー…大さじ1（同量のレモン汁で代用可）
　｜塩昆布…適量
大葉（せん切り）…適宜

作り方

1 トマトは食べやすい大きさに切り、玉ねぎはみじん切りにする。ツナは汁気を切っておく。
2 1とAを混ぜ合わせ、冷蔵庫でしっかり冷やす。器に盛り、お好みで大葉をのせる。

>>> トマト×もずくの組み合わせは、疲労回復に効果大！
美肌のサポートもしてくれるので、ママにもおすすめです。

材料（2〜3人分）

トマト…1個
きゅうり…1/2本
もずく…100g
酢…大さじ3
砂糖…大さじ2
しょうゆ…大さじ1

作り方

1 きゅうりは輪切り、トマトは食べやすい大きさに切る。
2 ボウルにすべての材料を入れて混ぜ合わせる。

試合後

ひきトマチー

≫ 余ったひき肉を一掃したいときに便利なスピードおかず。タンパク質が足りないときのプラスおかずとしても◎。

材料（2~3人分）

豚ひき肉…200g（少なくてもOK）
トマト…1個
玉ねぎ…1/2個
ピザ用チーズ…適量
A｜ウスターソース…大さじ1
　｜みりん…大さじ1
　｜オイスターソース…小さじ1
オリーブオイル…適量
ニンニク（すりおろし）…適量
塩・こしょう…各少々
ナツメグ…適量

作り方

1 ひき肉に塩・こしょうとナツメグをふりかけておく。
2 トマトは食べやすい大きさに切り、玉ねぎはみじん切りにする。Aは混ぜ合わせておく。
3 フライパンにオリーブオイルとニンニクを入れ中火で熱し、玉ねぎを炒める。
4 玉ねぎがしんなりとしたらひき肉を加えて炒め合わせ、トマトを加えて軽く炒め、Aを加えて混ぜ合わせる。
5 水分を飛ばすように炒め、仕上げにピザ用チーズをかけ、チーズが溶けたら火を止める。

試合前

ミニトマトの和風マリネ

普通のトマトで作ってもおいしく食べられます。塩昆布の代わりに炒りごまをふるのもおすすめ。

≫ 風邪予防や腸内環境改善に！ さっぱり食べられるので、胃腸が疲れているときにもおすすめです。

材料（2~3人分）

ミニトマト…大きめ1パック（300g）
A｜砂糖…大さじ1
　｜ポン酢しょうゆ…大さじ5
　｜めんつゆ（3倍濃縮）…大さじ1
　｜ごま油…小さじ1
塩昆布…適量

作り方

1 ミニトマトはヘタを取って半分に切る。
2 1とAを混ぜ合わせ、冷蔵庫で30分以上おく。
3 器に盛り、塩昆布をのせる。

練習時

ズッチーズロール

とろ~り3種のチーズを使って今日は本格イタリアン。白ワインに合うので大人のおつまみにも最高です。

材料（2〜3人分）

ズッキーニ…2本
トマトピューレ…200g
A｜リコッタチーズ…150g
　｜卵…1個
　｜パルメザンチーズ…大さじ5
　｜ピザ用チーズ…適量
オリーブオイル…適量
ピザ用チーズ（仕上げ用）…適量
パルメザンチーズ（仕上げ用）…適量
刻みパセリ…適宜

作り方

1. オーブンは220度で予熱しておく。
2. ズッキーニはピーラーでスライスし、フライパンでしんなりするまで焼く。
3. ズッキーニを2枚ずつ重ね、混ぜ合わせてクリーム状にしたAを適量のせてくるくると巻く。
4. 耐熱皿にトマトピューレを塗り、**3**を敷き詰める。
5. オリーブオイルをかけ、ピザ用チーズ→パルメザンチーズの順に重ね、220度のオーブンで20分焼き、お好みでパセリを散らす。

練習時

クセになる薬味サラダ

POINT
そのままサラダとして食べるのはもちろん、冷奴にのせたり冷しゃぶにのせたりして食べるのもおすすめです。

夏バテや熱中症の予防にもおすすめな薬味サラダ。
隠し味の塩麹がマイルドな味わいに仕上げてくれます。

材料（2～3人分）

きゅうり…1本
長ねぎ…1本
ミョウガ…3個
大葉…5枚
A｜塩昆布…5g
｜炒りごま（白）…適量
｜ポン酢しょうゆ…大さじ5（お好みで調整）
｜塩麹…大さじ1（同量の鶏がらスープの素で代用可）
｜ニンニク（すりおろし）…小さじ1/2
｜ごま油…大さじ1

作り方

1 すべての野菜はせん切りにする。
2 ボウルに**1**とAを加えてよく混ぜる。

試合前

辛めのきゅうり

POINT
きゅうりは種をくり抜くことで、水分が出にくくなり、水っぽくなるのを防げます。

ピリッと辛くて食欲アップ！　きゅうりに含まれる
マグネシウムが、体温や血圧の調整をサポート。

材料（2～3人分）

きゅうり…4本
A｜ごま油…大さじ2
｜砂糖…小さじ2
｜リンゴ酢（または米酢）…小さじ1
｜ニンニク麹
｜　…大さじ1（同量のニンニクすりおろしで代用可）
｜塩麹…小さじ1（同量の塩で代用可）
｜粉唐辛子…小さじ1～2
｜炒りごま（白）…適量

作り方

1 きゅうりは縦半分に切り、スプーンで中の種部分を取り出す。種は残しておく。
2 **1**のきゅうりを食べやすく切って塩少々（分量外）でもみ込み、10分ほどおいて水気を絞る。
3 **1**で取り出した種をAと混ぜ合わせる。
4 すべての材料を混ぜ合わせ、冷蔵庫でよく冷やす。

試合後

セロリと大根のごまサラダ

POINT
セロリは塩もみすることで苦味が抑えられ、子どもでも食べやすくなります。

>>> メンタルを整えたいときは、鎮静作用のあるセロリが◎。
塩昆布とごまの風味がクセになる味わいです。

材料 (2〜3人分)

セロリ(茎部分)…1本分
大根…1/2本
ツナ缶(水煮)…1缶
ごまドレッシング(市販品)…大さじ2
ポン酢しょうゆ…大さじ4
ごま油…小さじ1
炒りごま(白)…適量
すりごま(白)…適量
塩昆布…適量

作り方

1 セロリは茎部分を刻み、ポリ袋に入れて塩少々(分量外)でもみ込み、5〜10分ほどおいて水気を絞る。
2 大根はいちょう切りにする。ツナ缶は汁気を切っておく。
3 ボウルにすべての材料を入れ、よく混ぜ合わせる。

練習時

コク旨ごぼうサラダ

POINT
冷倉庫で少し寝かせると、味がなじみおいしく食べられます。

>>> コク旨クリーミーで、野菜が苦手な子も食べやすい!
お弁当にも朝ごはんにもピッタリな万能サラダです。

材料 (2〜3人分)

ごぼう…1本
にんじん…1/2本
A | マヨネーズ…大さじ2
砂糖…小さじ1
ニンニク麹
…適量(同量のニンニクすりおろしで代用可)
しょうゆ麹…小さじ1(同量のしょうゆで代用可)
すりごま(白)…適量
炒りごま(白)…適量

作り方

1 ごぼうは皮を洗い、細く刻んで5分水にさらす。にんじんは、せん切りにする。
2 耐熱ボウルにごぼうとにんじんを入れ、ふんわりとラップをして600Wの電子レンジで3分加熱する。
3 その間にAを混ぜ合わせる。2のボウルにすべての材料を入れ混ぜ合わせる。

試合前

罪な切り干し

切り干し大根が腸内環境を整え、脂肪を燃焼！
塩昆布とごま油の風味がクセになる、罪な味わいです。

材料（2〜3人分）

切り干し大根（乾燥）…60g
きゅうり…2本
ちくわ…4本
塩昆布…適量
ポン酢しょうゆ…大さじ3
ごま油…大さじ2
砂糖…小さじ2
塩…ひとつまみ
炒りごま（白）…適量

作り方

1. 切り干し大根は水で戻し、水気をしっかり切って食べやすい長さに切る。
2. きゅうりはせん切り、ちくわは輪切りにする。
3. ボウルにすべての材料を入れてよく和える。

試合後

切り干しとあさりの鉄分お浸し

POINT
切り干し大根、小松菜、あさり缶には鉄分がたっぷり。鉄分不足は、貧血の原因になるのはもちろん、集中力や判断力の低下にもつながるので、スポーツキッズは特に意識して摂るのがおすすめです。

鉄分たっぷりで、運動パフォーマンスもアップ！
簡単シンプルな味つけで、常備菜としてもピッタリのひと品。

材料（2〜3人分）

切り干し大根（乾燥）…5g
小松菜…1/2袋（100g）
あさり缶…1/2缶
しいたけ…2個
油揚げ…1枚
砂糖…小さじ1
しょうゆ…大さじ1

作り方

1. 切り干し大根は、水100ml（分量外）に5分ほど浸けて戻す。戻し汁は残しておく。
2. 油揚げは湯がいて水気を切る。小松菜は食べやすい長さに切る。しいたけは軸を切り落として細切りにする。
3. フライパンに切り干し大根と**1**の戻し汁100mlを入れ、中火にかける。
4. しょうゆ以外の材料を加えて煮込み、食材に火が通ったらしょうゆを加え、ひと煮立ちさせて火を止める。

試合前

豚切り干しキムチ

POINT 韓国唐辛子は粉唐辛子と違い、あまり辛くない唐辛子です。粉唐辛子を使う場合は、少量ずつ様子を見ながら入れてください。

>>> **ピリッと辛くてコク深い、やみつきおかず。豚こまでサムギョプサル風（P.19）のつけ合わせとしても◎。**

材料（2～3人分）

豚バラ薄切り肉…50g
切り干し大根（乾燥）…60g
白菜キムチ…大さじ2
ニラ…1/3束
A｜ごま油…大さじ1
　｜砂糖…小さじ1
　｜しょうゆ…大さじ1
　｜コチュジャン…お好みの量
　｜炒りごま（白）…適量
　｜韓国唐辛子…小さじ1
大葉…適宜
チーズ…適宜

作り方

1 切り干し大根は水で戻し、食べやすい長さ、ニラも食べやすい長さに切る。Aは混ぜ合わせる。
2 フライパンに豚肉→切り干し大根→ニラの順に入れて炒め合わせる。
3 全体に火が通ったらキムチを加え、仕上げにAを混ぜ合わせ、器に盛る。お好みでチーズをのせた大葉で巻いて食べる。

試合前

長ねぎのとろとろ焼き

>>> **普段は脇役になりがちな長ねぎを主役に！強い抗酸化作用で、風邪予防の効果が期待できます。**

材料（2～3人分）

長ねぎ…1本
塩…ふたつまみ
ごま油…小さじ1

作り方

1 長ねぎは3cm長さに切る。
2 フライパンにごま油をひいて中火で熱し、長ねぎを入れてターナーなどで押しながら焼き、塩をかける。
3 焼き目がつくまでじっくり焼く。

練習時

生ハムキャロットラペ

>>> さっぱりしていて暑い日にピッタリな冷製サラダ。
おいしくって見た目もおしゃれなのでおもてなしにも◎。

材料 (2〜3人分)

生ハム…30g(小さめ8枚)
にんじん…1本
ミニトマト…6個
レモン汁…1/2個分
オリーブオイル…大さじ1
塩麹…小さじ1(同量のハーブソルトでも代用可)
砂糖(またはハチミツ)…ひとつまみ
塩・こしょう(またはお好みのスパイス)…少々

作り方

1 にんじんはせん切りにし、600Wの電子レンジで2分加熱し、粗熱を取る(または塩少々(分量外)でもんでしんなりさせ、水気を絞る)。
2 生ハムは細切り、ミニトマトはヘタを取って食べやすい大きさに切る。
3 ボウルにすべての材料を入れて混ぜ合わせ、冷蔵庫でよく冷やす。

練習時

ひじきと野菜の炒り豆腐

>>> 主食がお肉の日におすすめな、豆腐を使った副菜です。
ごま油としょうゆの香ばしい風味で食欲もアップ!

材料 (2〜3人分)

木綿豆腐…1丁(300g)
ひじき(乾燥)…10g
小松菜…1/2袋(100g)
にんじん…1/3本
しいたけ…2個
ごま油…小さじ1
塩…ひとつまみ
A | 酒…大さじ1
　| 砂糖…小さじ2
　| しょうゆ…大さじ2

作り方

1 ひじきは水で戻しておく。小松菜はざく切り、にんじんはせん切りにする。しいたけは軸を落とし、細切りにする。
2 フライパンを中火で熱してごま油と塩ひとつまみを入れ、豆腐を加えて焼き色をつけながら崩す。
3 すべての野菜とひじきを加えて炒め合わせる。野菜に火が通ったらAを加えて全体になじませ、火を止める。

試合前

麹ナムル

>>> **麹の旨みとごまのコクで野菜を食べやすく。疲労回復効果のある酢を加え、運動後の体を労わります。**

材料（2～3人分）

にんじん…1本
小松菜…1袋（200g）
もやし…1袋
A | しょうゆ麹…大さじ3
ごま油…大さじ1と1/2
すりごま（白）…適量
炒りごま（白）…適量
酢…小さじ1程度
牛肉だしの素（顆粒）…小さじ1
ニンニク（すりおろし）…適宜

作り方

1. にんじんは細切り、小松菜は食べやすい長さに切る。
2. 耐熱ボウルに野菜を入れ、ふんわりとラップをして、600Wの電子レンジで4分～4分30秒加熱する。
3. 別のボウルにAを入れて混ぜ合わせる。
4. **3**に**2**を加え、混ぜ合わせる。

練習時

ひじきの鉄分サラダ

>>> **鉄分の力で集中力を高め、パフォーマンスも向上！火を使わずさっとできるのもうれしいポイントです。**

材料（2～3人分）

ひじき…100g（水で戻したもの）
にんじん…1/2本
小松菜…1/2袋（100g）
コーン缶…1/2缶
マヨネーズ…大さじ1
砂糖…小さじ1
しょうゆ…小さじ1
酢…小さじ1

作り方

1. にんじんは細切り、小松菜は食べやすい長さに切る。コーン缶は水気を切る。
2. 耐熱性のポリ袋に小松菜を入れ、500Wの電子レンジで1分30秒加熱し、しっかり水気を切る。
3. 別の耐熱性のポリ袋にひじきとにんじんを入れ、500Wの電子レンジで1分30秒加熱する。
4. ボウルにすべての材料を入れて混ぜ合わせる。

試合後

アボきゅうサラダ

>>> ビタミンやミネラルたっぷりで、タンパク質も補える優秀サラダ。冷蔵庫で冷やして召し上がれ。

材料（2〜3人分）

アボカド…1個
きゅうり…2本
クリームチーズ（ポーションタイプ）…3個（約50g）
塩昆布…5g
炒りごま（白）…適量
しょうゆ…大さじ1弱
ごま油…大さじ1
ニンニク（すりおろし）…小さじ1/2
わさび…適宜（なくても可）

作り方

1. アボカドは皮と種を取り除き、食べやすい大きさに切る。きゅうりは小さめの乱切りにする。チーズは1cmほどの角切りにする。
2. ボウルにすべての材料を入れて混ぜ合わせる。

試合前

アボカドキムチ

>>> キムチの辛みとハチミツの甘さがクセになる味。おいしくって腸内環境もすっきり整えてくれます。

材料（2〜3人分）

アボカド…1個
白菜キムチ…大さじ1
ハチミツ…小さじ1
ごま油…小さじ1
炒りごま（白）…適量

作り方

1. アボカドは皮と種を取り除き、食べやすい大きさに切る。
2. ボウルにすべての材料を入れて混ぜ合わせる。

SIDE DISH

練習時

オイマヨサラダ

>>> 筋肉作りをサポートする栄養が詰まったブロッコリーを主役に、卵とちくわでタンパク質もプラス！

材料（2〜3人分）

ブロッコリー…1房
ゆで卵…2個
ちくわ…4本
A　砂糖…ひとつまみ
　　塩…ひとつまみ
　　オイスターソース…小さじ2
　　マヨネーズ…大さじ2
炒りごま（白）…適量

作り方

1 ブロッコリーは小房に分けて水で洗い耐熱容器に入れ、ふんわりとラップをして600Wの電子レンジで2分加熱し、水気を切る。
2 ゆで卵は6つ割りに切り、ちくわは斜め切りにする。Aは混ぜ合わせておく。
3 ボウルにすべての材料を入れて混ぜ合わせる。

練習時

高タンパクサラダ

>>> 高タンパク低脂質でボリュームも満点。カレーの風味で子どももパクパク食べてくれます。

材料（2〜3人分）

ブロッコリー…小1房
むきエビ…10尾
卵…2個
A　塩麹…大さじ1弱（塩小さじ1で代用可）
　　オリーブオイル…大さじ1
　　マヨネーズ…小さじ2
　　カレーパウダー…小さじ1
　　ブラックペッパー…適量
米油…適量

作り方

1 ブロッコリーは小房に分けて水で洗い耐熱容器に入れ、ふんわりとラップをして600Wの電子レンジで2分加熱し、水気を切る。
2 エビは塩水（分量外）で洗い、背ワタがあれば取り除く。
3 フライパンに米油をひいて熱し、エビを焼く。色が変わってきたら端に寄せ、卵を割り入れて同時に目玉焼きを作る。
4 ボウルに**1**と**3**を入れて目玉焼きを崩し、Aを加えて全体を混ぜ合わせる。

試合前

さつまいものごまバター

練習時

きなこおさつ

POINT
油は酸化に強いココナッツオイルがおすすめ。揚げずにバターで焼いてもおいしく食べられます。

>>> ビタミンたっぷりで手軽に糖質補給ができるさつまいもは、練習や試合前のお弁当にもおすすめです。

材料（2〜3人分）

さつまいも…1本
塩…小さじ1/2弱
砂糖…大さじ1
すりごま（白）…適量
炒りごま（白）…適量
バター…10g

作り方

1 さつまいもは皮つきのまま角切りにし、5分ほど水にさらした後水気を切る。
2 耐熱ボウルに**1**のさつまいもを入れてふんわりとラップをし、600Wの電子レンジで3分30秒加熱する。
3 フライパンにバターを入れて中火で熱し、さつまいもと砂糖を入れて混ぜ合わせ、なじんだら塩を入れる。
4 さつまいもにしっかり焼き色がついたらすりごまと炒りごまをかける。

>>> カリッと焼いたさつまいもにきなこと砂糖をまぶした副菜としても補食としてもおすすめのひと品。

材料（2〜3人分）

さつまいも…1本
すりごま（黒）…大さじ1
きなこ…大さじ1
きび砂糖…大さじ1
ココナッツオイル（または米油）…適量

作り方

1 さつまいもは皮ごとスティック状に切り、5分ほど水にさらした後水気を切る。
2 耐熱容器に**1**のさつまいもを入れ、ふんわりとラップをして600Wの電子レンジで4分加熱する。
3 フライパンに多めのココナッツオイルを入れて中火で熱し、さつまいもを入れて揚げ焼きにする。
4 油を切って砂糖をまぶし、すりごまときなこを和える。

試合前

長いもサラダ

POINT

長いもはビタミンB1やビタミンCが豊富で、疲労回復や風邪予防に最適。ただし、糖質も多めなので、組み合わせや食べ過ぎには注意しましょう。

ツナマヨ味でとろろが苦手な子でも食べやすい!
さっと作れるのであとひと品欲しいときにおすすめです。

材料 (2〜3人分)

長いも…300g
ツナ缶(水煮)…1缶
青のり…大さじ1
塩…ひとつまみ
マヨネーズ…小さじ1

作り方

1 長いもは皮をむいて輪切りにし、蒸すか、600Wの電子レンジで柔らかくなるまで5分ほど加熱する。
2 1の長いもをマッシャーなどで粗くつぶす。ツナ缶は汁気を切っておく。
3 ボウルにすべての材料を入れ、混ぜ合わせる。

試合前

かぼちゃとさつまいものごま和え

優しい甘さとホクホク食感でおやつ感覚で食べられる!
風邪予防や腸内環境改善にもおすすめです。

材料 (2〜3人分)

かぼちゃ…100g
さつまいも…100g
すりごま(白)…大さじ3
砂糖…大さじ1
しょうゆ…大さじ1
ごま油…小さじ1

作り方

1 かぼちゃとさつまいもは皮つきのままひと口サイズに切り、蒸すか、600Wの電子レンジで柔らかくなるまで6分ほど加熱する。
2 ボウルにすべての材料を入れて混ぜ合わせる。

練習時

どこにも負けない！
デリサラダ

POINT
・栄養が豊富なかぼちゃの皮は、あえてむかずに残しておくのがおすすめ。
・脂質が多めなので食べ過ぎには注意しましょう。

>>> **免疫力を高めてくれるかぼちゃで強い体に！**
適度な糖質で体を動かすエネルギー源にもなってくれます。

材料（2〜3人分）

かぼちゃ…1/4個（約300g）
クリームチーズ（ポーションタイプ）…3個（約50g）
塩麹…大さじ1（同量の白だしで代用可）
ハチミツ…大さじ1（砂糖小さじ1で代用可）
塩・こしょう…各適量

作り方

1 かぼちゃは皮つきのまま小さめに切り、蒸すか、600Wの電子レンジで柔らかくなるまで6分ほど加熱する。
2 塩麹を加え、かぼちゃを粗めにつぶす。
3 まとまりが出たらハチミツとクリームチーズを加えて混ぜ合わせ、仕上げに塩・こしょうをふって味を調える。

試合前

新感覚ポテサラ

POINT
試合前ならひき肉はゆがいて脂質少なめに、マヨネーズは省くのがおすすめ。

>>> **男子の胃袋を掴むガッツリ副菜！**
糖質＆タンパク質が手軽に補給できます。

材料（2〜3人分）

じゃがいも…3個
ゆで卵…1個
豚ひき肉…150g
玉ねぎ…1/2個
ニンニク（すりおろし）…1かけ分
A｜みりん…大さじ1
　｜しょうゆ…大さじ1〜2
　｜オイスターソース…大さじ1
マヨネーズ…大さじ1
細ねぎ（小口切り）…適宜
ブラックペッパー…適宜

作り方

1 じゃがいもは皮をむいて6等分に切り、蒸すか、600Wの電子レンジで柔らかくなるまで6分ほど加熱する。玉ねぎはみじん切りにする。
2 フライパンにニンニク、ひき肉、玉ねぎ、Aを入れて炒め合わせる。
3 ボウルに1のじゃがいもとゆで卵を入れて軽くつぶし、マヨネーズで和える。
4 2を加えて混ぜ合わせ、器に盛り、お好みで細ねぎをのせ、ブラックペッパーをふる。

COLUMN 2

調味料の黄金比で失敗なし!

栄養満点作り置き

※保存する際は、必ず消毒した清潔な容器に入れ、冷蔵で2～3日を目安にお召し上がりください。

我が家で何度もリピートしている定番常備菜!
冷蔵庫から出してすぐ食べられるレシピばかりなので、余裕のあるときに作っておくと重宝します。
調味料は黄金比を覚えておけば、好きな分量で作り置きしておけるので、ぜひお試しください。

彩り野菜のラペ

>>> すっきり疲れが取れて
甘酸っぱさがクセになる!

材料（作りやすい分量）

紫キャベツ…1/6玉
A オリーブオイル…大さじ3
　酢（またはリンゴ酢、ワインビネガー）…大さじ1と1/2
　ハチミツ…小さじ1
　塩…ふたつまみ

作り方

1 紫キャベツは刻んで塩をふり、10分ほどおいて、水気を切る。
2 消毒した耐熱容器に**1**とAを入れ、冷蔵庫で1時間ほど漬ける。

紫キャベツのほか、にんじんやパプリカなど、どんな野菜で作ってもOKです！
にんじんはそのまません切り、パプリカは表面の皮をグリルなどで焼き、冷水でむいてから漬けてください。

ニラだれ

>>> 蒸した鶏や豚肉にかけるだけで
絶品メインディッシュの完成!

材料（作りやすい分量）

ニラ…1/2束
しょうゆ麹…大さじ2（しょうゆ小さじ2で代用可）
酢…大さじ2
ハチミツ…小さじ1
ニンニク（すりおろし）…小さじ1
炒りごま（白）…大さじ1

作り方

1 ニラは細かく刻む。
2 消毒した容器にすべての材料を入れて混ぜ合わせる。

ほうれん草のごま和え

>>> 鉄分&カルシウムが
丈夫な骨と筋肉をサポート

材料（作りやすい分量）

ほうれん草…1袋（200g）
すりごま（白）…大さじ3
砂糖…大さじ1
しょうゆ…大さじ1

作り方

1 鍋に湯を沸かし、ほうれん草を入れて1～2分ほどゆでる。冷水にさらして水気を絞り、食べやすい大きさに切る。
2 ボウルにすべての材料を入れて混ぜ合わせる。

ほうれん草1袋に対し、砂糖、しょうゆ、すりごまの比率1：1：3で味が決まります！　ほうれん草の量によって調節してください。

高野豆腐と野菜の焼き浸し

>>> ヘルシーなのに栄養満点！
味の染みた高野豆腐が
しみじみおいしい

材料（作りやすい分量）

高野豆腐（乾燥）…20g
ズッキーニ…1本
オクラ…4本
パプリカ（黄・赤）…各1個
A しょうゆ…大さじ3
　みりん…大さじ3
　生姜（すりおろし）…適量
　ニンニク（すりおろし）…適量
　水…150ml

作り方

1 高野豆腐は水で戻しておく。ズッキーニは輪切り、パプリカは種とワタを取って2cm幅にする。オクラは塩（分量外）をふって板ずりし、水洗いする。
2 ズッキーニ、オクラ、パプリカは、魚焼きグリルでこんがりと焼き色がつくまで焼く。
3 フライパンにAを入れて火にかけ、煮立ったら火を止めて粗熱を取る。
4 消毒した容器に水気をよく絞った高野豆腐と**2**の野菜を入れて**3**をかけ、冷蔵庫で冷やす。

トマトとサバ缶の簡単サラダ

元気＆キレイになる栄養素たっぷり!
切って和えるだけですぐできる

材料（作りやすい分量）

トマト…1個
サバ缶（水煮）…1缶
A　オリーブオイル…大さじ2
　　めんつゆ（3倍濃縮）…大さじ1〜2
　　ニンニク（すりおろし）…適量

作り方

1 トマトは小さめに切り、サバ缶は汁気を切っておく。
2 消毒した保存容器に1のトマトとサバ缶を入れ、Aを加えて和える。

もやしとわかめのナムル

ヘルシーでミネラルたっぷり
箸休めにもピッタリのひと品

材料（作りやすい分量）

もやし…1袋（200g）
わかめ（乾燥）…ふたつまみ
鶏がらスープの素（顆粒）…小さじ1
ごま油…大さじ1
ニンニク（すりおろし）…少々
炒りごま（白）…適量

作り方

1 わかめは水で戻し、水気を切る。
2 耐熱ボウルに洗ったもやしを入れ、ふんわりとラップをして600Wの電子レンジで1分30秒加熱し、水気を絞る。
3 消毒した保存容器にすべての材料を入れて混ぜ合わせる。

PART 3

副菜代わりにもなる

CATEGORY

SOUP

具だくさんスープ

温かいスープは、内臓を温めて代謝を上げたり免疫力を向上させたりと、うれしい効果がたくさん!　スープを具だくさんにすれば、おかずの品数が少なくても自然と栄養バランスが整うので、ぜひ毎日の献立に取り入れてください。

練習時

腸活みそ玉

作り置きしておけば、時間のない朝などに大活躍！ 具材は食物繊維豊富な野菜や海藻がおすすめです。

POINT

・具材はお好みのものでOK。乾燥野菜や寒天など、食物繊維が豊富で日持ちするものがおすすめです。
・みそは冷凍してもかたまらないので、冷凍庫で保管できます。

材料（10~11個）

みそ…150g
粉末だし…3g
わかめ（乾燥）…3g
細ねぎ（乾燥）…3g
とろろ昆布…3g
切り干し大根（乾燥）…10g
炒りごま（白）…適宜

作り方

1 ボウルに炒りごま以外の材料を入れて混ぜ合わせる（乾燥わかめは砕きながら、切り干し大根はキッチンバサミで細かく切って加える）。
2 15gずつに分け、ラップで丸める。
3 お好みで炒りごまをまぶし、冷凍庫で保管する。
4 食べるときはお椀に**3**を1つ入れ、湯（分量外）200mlを注いで溶かす。

練習時

きのこと切り干しの腸活みそ汁

POINT あれば乾燥しいたけを入れると、だしが出てよりおいしく仕上がります。

試合前

リカバリーあら汁

>>> **たっぷりのきのこが腸内環境を整え、免疫力もアップ！**
風邪予防にも効果的な、健康のためのお守りスープです。

材料（2〜3人分）

切り干し大根（乾燥）…5g
にんじん…1/3本
お好みのきのこ
（今回は、しめじ、しいたけ、なめこ、えのきたけを使用）
…合計100g
長ねぎ…1/2本
絹ごし豆腐…100g
わかめ（乾燥）…3g
水…600ml
みそ…適量
すりごま（白）…適宜

作り方

1 鍋に水を入れ、さっと洗った切り干し大根を加えて戻す。
2 きのこは石づきがあれば切り落とし、食べやすい大きさに切る。にんじんはせん切り、長ねぎは斜め切り、豆腐は食べやすい大きさに切る。わかめは水（分量外）で戻し、水気を切る。
3 **1**に**2**を入れて中火にかけ、具材に火が通るまで煮込む。
4 火を止めてみそを溶き入れ、お好みですりごまをかける。

>>> **旨みたっぷりで、タンパク質やミネラルが豊富な**
魚のあらを使って手軽に栄養をチャージ!

材料（2〜3人分）

魚のあら（今回はブリのあらを使用）…200g
にんじん…1/3本
大根…7cm
しめじ…1/3株
長ねぎ…1/2本
水…600ml
みそ…適量
細ねぎ（小口切り）…適宜

作り方

1 あらは塩（分量外）をふり、15分ほどおく。
2 **1**に熱湯をかけ、水で洗う。
3 にんじんと大根はいちょう切り、長ねぎは細切り、しめじは石づきを落としてほぐしておく。
4 鍋に水と**2**のあら、**3**の具材を入れて中火にかけ、具材に火を通す。
5 火を止めてみそを溶き入れる。器に盛り、お好みで細ねぎをのせる。

試合前

最強の豚汁

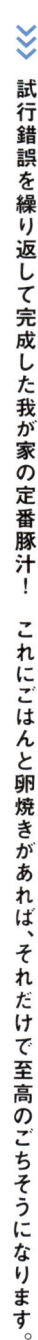

試行錯誤を繰り返して完成した我が家の定番豚汁！ これにごはんと卵焼きがあれば、それだけで至高のごちそうになります。

POINT

- 野菜の切り方はお好みでOK。
- だし汁は、だしパック1袋に水600mlを入れ、ひと晩おいておくとみそが少なくてもおいしくでき上がります。
- 食物繊維が多い根菜類やきのこが多いとガスが溜まりやすいので、試合前は具材を変更してもOK。

材料（2〜3人分）

豚こま切れ肉…100g
ごぼう…1/2本
にんじん…1/3本
大根…1/5本
白菜…少々
玉ねぎ…1/2個
じゃがいも…1個
しめじ…1/2株
こんにゃく…1袋
だし汁…600ml
みそ…適量
ごま油…適量
細ねぎ（小口切り）…適宜

作り方

1 ごぼうは斜め薄切り、にんじんと大根はいちょう切り、玉ねぎはくし形切り、じゃがいもと白菜は食べやすい大きさに切り、しめじは石づきを落としてほぐしておく。豚肉は食べやすい大きさに切る。
2 こんにゃくに格子状に切り込みを入れ、砂糖適量（分量外）をすりこむ。水分が出てきたらふき取り、食べやすい大きさに切る。
3 鍋にごま油をひいて中火で熱し、ごぼうを入れて炒め、しんなりしたら一度取り出す。
4 にんじん、大根を先に入れ、次に豚肉→玉ねぎ→しめじ、じゃがいも、**3**のごぼう、こんにゃく、白菜の順に入れる。
5 だし汁を入れて具材に火が通るまで煮込み、火を止めてみそを溶き入れる。器に盛り、お好みで細ねぎをのせる。

試合後

切り干し大根のみそ汁

>>> アスリートにおすすめの切り干し大根を使った最強みそ汁。戻し汁をそのまま使うことで、栄養をくまなく摂取できます。

材料（2~3人分）

切り干し大根（乾燥）…15g
にんじん…1/3本
しいたけ…2個
長ねぎ…少々
水…600ml
みそ…適量
細ねぎ（小口切り）…適宜

作り方

1 鍋に水を入れ、さっと洗った切り干し大根を加えて戻す。
2 他の野菜はせん切りにする。
3 **1**の鍋を中火でかけて沸騰させ、**2**の野菜を入れる。野菜が柔らかくなったら火を止めてみそを溶き入れ、お好みで細ねぎをのせる。

試合前

切り干しキムたま汁

>>> 普通の切り干し大根のみそ汁に飽きたら試してほしいアレンジレシピ！ 卵入りでお腹もしっかり満たされます。

材料（2~3人分）

切り干し大根（乾燥）…10g
にんじん…1/3本
長ねぎ…1/3本
しいたけ…1個
卵…2～3個（人数分）
油揚げ…1枚
水…600ml
みそ…適量
白菜キムチ…適量
細ねぎ（小口切り）…適宜
炒りごま（白）…適宜

作り方

1 鍋に水を入れ、さっと洗った切り干し大根を加えて戻す。
2 にんじんと長ねぎはせん切りにし、しいたけは軸を落として細切り、油揚げは湯がいて食べやすい大きさに切る。
3 切り干し大根が戻ったら鍋を中火にかけ、**2**を入れて火が通るまで煮る。
4 火を止めてみそを溶き入れ、卵を落としてふたをし、2分ほどおく。
5 器に卵を盛りつけ、キムチをのせ、残りの具材とスープを注ぐ。お好みで、細ねぎと炒りごまをのせる。

試合前

アスリート雑煮

お餅はアスリートの糖質補給に最適！ 練習後や試合前日の糖質補給にもおすすめです。

POINT

- 切り干し大根は、戻し汁のみ使います。戻した切り干し大根は、サラダなどに活用できます。
- 切り干し大根の戻し汁にえぐみがあるので、しょうゆを加えてさっぱりと仕上げます。
- 餅は、2個でごはん茶碗1杯分の糖質があります。

材料 (2〜3人分)

切り干し大根(乾燥)…60g
鶏もも肉…150g
大根…1/8本
にんじん…1/4本
しいたけ…2個
かまぼこ…お好み
切り餅…2〜3個(人数分)
水…600ml
A しょうゆ…大さじ1
　白だし…大さじ1
三つ葉…適宜

作り方

1 ボウルに水を入れ、さっと洗った切り干し大根を加えて戻し、戻し汁と切り干し大根に分ける。大根、にんじんはいちょう切り、しいたけとかまぼこは薄切りにする。鶏肉はひと口サイズに切る。
2 1の戻し汁を鍋に入れて中火にかけ、沸騰したらAを入れる。
3 鶏肉を入れてひと煮立ちしたら野菜を加えて煮込む。
4 具材に火が通ったら餅を焼きはじめ、弱火にしてかまぼこを加え、火を止める。
5 器に4を盛って餅を入れ、お好みで三つ葉をのせる。

練習時

もずくスープ

>>> ミネラルたっぷりで優しい味わいの体いたわりスープ。
体調が優れないときにもおすすめです。

材料（2〜3人分）

もずく…100g
しいたけ…1個（乾燥しいたけでも可）
切り干し大根（乾燥）…5g
えのきたけ…1/4袋
きくらげ…適量（なくても可）
水…600ml
A｜鶏がらスープの素（顆粒）…大さじ1
｜しょうゆ麹…大さじ1（しょうゆ小さじ1でも代用可）
｜酢…大さじ1
｜塩・こしょう…各少々
細ねぎ（小口切り）…適宜
ラー油…適宜

作り方

1 えのきは石づきを切り落として食べやすい長さに切り、しいたけは薄切りにする。きくらげは細切りにする。
2 鍋に水を入れて中火にかけ、もずく、切り干し大根、1、Aを入れて煮込む。
3 具材に火が通ったら器に盛り、お好みでラー油をかけ、細ねぎをのせる。

練習時

カニたまスープ

>>> オイスターソースでコクと旨みがアップ!
タンパク質をプラスしたいときに便利なひと品です。

材料（2〜3人分）

カニ風味かまぼこ…5本
長ねぎ…1/2本
わかめ（乾燥）…ひとつまみ
卵…1個
水…600ml
A｜鶏がらスープの素（顆粒）…大さじ1
｜オイスターソース…大さじ1
｜しょうゆ…小さじ1
細ねぎ（小口切り）…適宜
炒りごま（白）…適宜

作り方

1 鍋に水を入れて中火にかける。
2 ほぐしたカニ風味かまぼこ、わかめ、食べやすく切った長ねぎを入れ、火を通す。
3 Aを加えて混ぜ合わせ、卵を溶いてまわし入れ、お好みのかたさになったら火を止める。
4 器に盛り、お好みで細ねぎと炒りごまを散らす。

練習時

参鶏湯スープ

>>> 三大栄養素と、ビタミン、ミネラルが摂れる主役級スープ。
コラーゲンたっぷりで疲労回復効果も期待できます。

材料（2～3人分）

鶏手羽元…400g
ごぼう…1本
大根…1/6本
長ねぎ…1本
えのきたけ…1/4袋
生姜…1かけ
切り餅…1個
塩麹…大さじ1
ニンニク麹…小さじ1
（ニンニクすりおろし1かけでも代用可）
水…600ml
A ごま油…大さじ1
　鶏がらスープの素（顆粒）…大さじ1
ブラックペッパー…適宜
糸唐辛子…適宜

作り方

1. 手羽元はフォークで刺し、塩麹をもみ込む。
2. ごぼうと長ねぎは斜め薄切り、大根はいちょう切り、生姜はせん切り、えのきたけは石づきを落として半分に切る。餅は角切りにする。
3. 鍋に手羽元→ごぼう→大根→長ねぎ、えのき→餅→生姜→ニンニク麹の順に入れる。
4. 水とAを入れて中火にかけ、30分ほどとろみがつくまで煮込み、火を止める。
5. 器に盛り、お好みでブラックペッパーをふり、糸唐辛子をのせる。

練習時

担々スープ

POINT 豆板醤は子どもに作る場合は、入れなくてもOKです。

>>> ピリ辛コク旨で食欲アップ！　豆腐や春雨を入れて、
ヘルシーランチにするのもおすすめです。

材料（2～3人分）

豚ひき肉…150g
キャベツ…1/8玉
ニラ…1/2束
もやし…1/2袋（100g）
卵…1個
A 豆板醤…大さじ1
　ニンニク麹…小さじ2
　（同量のニンニクすりおろしでも代用可）
B 砂糖…小さじ1
　しょうゆ…小さじ1
　オイスターソース…大さじ1
　みそ…大さじ2
豆乳…300ml
水…500ml
すりごま（白）…大さじ2
ごま油…適量

作り方

1. 鍋にごま油をひいて中火で熱し、ひき肉とAを入れて炒める。
2. 火が通ったら水を入れ、沸騰したらBを加える。
3. 食べやすい大きさに切ったキャベツとニラ、もやしを入れて煮込み、火が通ったら豆乳とすりごまを加えて、混ぜ合わせる。
4. 仕上げに卵を溶き入れ、お好みのかたさになったら火を止める。

練習時

タンパクスープ

POINT 仕上げに味を見て、物足りない場合は、塩またはみそを入れて調節してください。

>>> タンパク質が足りているか心配なときに作ってほしい具だくさんスープ。豆乳ベースの優しい味わいです。

材料（2〜3人分）

鶏ひき肉…150g
蒸し大豆…30g
白菜…1/8玉
さつまいも…1/2本
にんじん…1/3本
玉ねぎ…小1個
豆乳…200ml
水…400ml
コンソメ（顆粒）…6g
米油…適量
ブラックペッパー…適宜

作り方

1 野菜は食べやすい大きさに切る。
2 鍋に米油をひいて中火で熱し、ひき肉を入れて炒める。色が変わってきたら、玉ねぎ、にんじん、さつまいもを入れて軽く炒める。
3 大豆、白菜、水、コンソメを入れ、10分ほど煮る。
4 仕上げに豆乳を加え、5分ほど煮込んで火を止める。器に盛り、お好みでブラックペッパーをふる。

試合前

鉄分チャウダー

POINT 豆乳、小松菜、あさりは鉄分が豊富！ あさりは缶汁ごと入れることで旨みと栄養価がアップします。

>>> 鉄分が豊富な食材を使ってクラムチャウダー風に。体がぽかぽか温まる、寒い季節におすすめのスープです。

材料（2〜3人分）

あさり缶…1缶
小松菜…1/2袋（100g）
にんじん…1/3本
玉ねぎ…1/2個
じゃがいも…1個
バター…適量
水…200ml
豆乳…600ml
コンソメ（顆粒）…大さじ3
塩・こしょう…各適量
米粉…大さじ1（なくてもOK）

作り方

1 小松菜は1cm長さ、にんじん、玉ねぎ、じゃがいもは小さめの角切りにする。
2 鍋を中火で熱してバターを溶かし、にんじん→じゃがいも→玉ねぎ→小松菜の順で炒める。
3 米粉を入れて弱火にし、粉を全体になじませる。
4 水、あさり缶を汁ごと、コンソメを加えて具材が柔らかくなるまで弱火で5分ほど煮る。
5 仕上げに豆乳を入れ、少し煮込んだら塩・こしょうで味を調える。

試合前

包まないワンタンスープ

ワンタンを包む手間を省いて調理時間を短縮！ お肉も野菜も一度に摂れてお腹もしっかり満たされます。

材料（2〜3人）

鶏ひき肉…150g
白菜…1/8玉
にんじん…1/3本
しめじ…1/3株
卵…1個
わかめ（乾燥）…ひとつまみ
ワンタンの皮（米粉で作った皮を使用）…10枚
ニンニク…1かけ
A｜水…600ml
　｜オイスターソース…大さじ1
　｜鶏がらスープの素（顆粒）…小さじ2
　｜しょうゆ…小さじ1
ごま油…少々
炒りごま（白）…適宜

作り方

1 白菜はざく切り、にんじんはいちょう切り、ニンニクはみじん切りにする。しめじは石づきを落としてほぐす。
2 フライパンにごま油をひいて中火で熱してニンニクを炒め、色が変わってきたらひき肉を入れて炒める。
3 ひき肉に火が通ったら野菜を加え、炒め合わせる。
4 わかめとAを入れて沸騰させ、火が通ったら3等分に切ったワンタンの皮と溶き卵をまわし入れ、卵がお好みのかたさになったら火を止める。
5 器に盛り、お好みで炒りごまを散らす。

試合前

モッチーズミネストローネ

とろ〜りお餅とチーズがスープとの相性抜群!
5大栄養素をバランスよく摂ることができます。

材料 (2〜3人分)

ツナ缶(水煮)…1缶
玉ねぎ…1個
キャベツ…1/6玉
にんじん…1/2本
しめじ…1/2株
じゃがいも…1個
水…600ml

A
塩・こしょう…各少々
ウスターソース…大さじ1
トマトケチャップ…大さじ1
コンソメ(顆粒)…小さじ2

ピザ用チーズ…適量
切り餅…1〜2個
ドライパセリ…適宜

作り方

1 野菜ときのこはみじん切りにする。餅は角切りにする。
2 鍋に汁気を切ったツナ缶、野菜、きのこを入れて中火にかけて炒める。
3 水を入れて具材に火を通し、Aを加えて混ぜ合わせる。
4 仕上げに餅を加え、柔らかくなったら火を止める直前にチーズを加える。器に盛り、お好みでパセリを散らす。

練習時

食べるちゃんぽんスープ

具だくさんでスープが濃厚なので、食べごたえ満点!
おかず代わりとして召し上がれ。

材料 (2〜3人分)

豚こま切れ肉…200g
かまぼこ…4切れ
もやし…1/3袋(約70g)
にんじん…1/3本
キャベツ…1/6玉
さつま揚げ…小さめ2枚
コーン缶…1缶

A
水…400ml
オイスターソース…大さじ1
しょうゆ…大さじ1
鶏がらスープの素(顆粒)…大さじ1

豆乳…200ml
米油…適量
炒りごま(白)…適宜

作り方

1 かまぼことさつま揚げは細切り、にんじんはいちょう切り、キャベツはざく切り、もやしはよく洗って水気を切る。
2 鍋に米油をひいて中火にかけ、豚肉を焼く。
3 1と汁気を切ったコーン缶を加えて炒め合わせる。
4 Aを加え、具材に火を通す。仕上げに豆乳を加え、温まったら火を止める。器に盛り、お好みで炒りごまを散らす。

使い方無限大！あると便利！

スープジャー活用法

高い保温・保冷効果で温度をキープしてくれるスープジャーは、補食の持ち運びに最適！我が家の活用法をご紹介します。

※調理後、6時間以内に食べるようにしましょう。　※温かいものを入れるときは、スープジャーに湯を入れて温めてから使いましょう。
※麺は汁気を吸ったり、伸びたりしてしまうので扱いに注意しましょう。　※お使いの商品の取扱説明書や使用方法を確認のうえ利用しましょう。

［ 暑い日におすすめ ］

スープジャー
×
そうめん

そうめんはゆでて水でぬめりを取り、さらに氷水で締めてから、スープジャーへ！氷2〜3個を入れて持っていけば、ひんやりそうめん弁当の完成。めんつゆは、別容器に入れて食べる直前にかけると麺がかたまらず食べやすくなります。

スープジャー
×
冷凍フルーツ

お好みのフルーツを切って凍らせておき、出かける前にスープジャーに入れるだけ！時間がないときは、コンビニなどで売られている市販の冷凍カットフルーツを入れてもOK。時間が経っても冷えた状態をキープできます。

スープジャー
×
サジー氷

オレンジジュースを製氷器に入れて凍らせ、割り入れたものをスープジャーに入れて鉄分やビタミンが豊富なサジージュースをかけて食べると、酸っぱいオレンジシャーベットのような味わいに。鉄分が多く失われる運動後に◎。

COLUMN 3

［ 寒い日におすすめ ］

スープジャー
×
マカロニ

「補食で手軽に糖質を摂りたい」というときにおすすめなのが、早ゆで3分のマカロニです。スープやトマト煮込みなど汁気のある料理にマカロニをそのまま入れておけば、具材を加えてから30分ほどで柔らかくなります。

スープジャー
×
茶碗蒸し

胃腸に優しく、体もポカポカ！　手軽にタンパク質補給ができる茶碗蒸しが、スープジャーで作れます。基本の材料の他に、お好みの具材を足して、タンパク質やビタミン、ミネラルをプラスするのもおすすめです。

材料（作りやすい分量）

卵…1個
かまぼこ…3切れ（さらに半分に切ったもの）
水…200ml
白だし…大さじ1

作り方

1. スープジャーに湯を入れて10分ほど保温しておく。
2. ボウルに卵を溶き、水と白だしを入れてかき混ぜる。
3. **2**をこして耐熱容器に入れ、ラップをせずに600Wの電子レンジで4分ほど加熱する。
4. 湯を捨てたスープジャーにかまぼこを入れ、**3**を加えて3時間前後保温して完成！

PART 4

忙しい日の強い味方

CATEGORY

STAPLE FOOD

主食レシピ

おかずを何品も作る時間や気力がないときは、1品で栄養バランスが整う丼や麺類が大活躍！　魚の缶詰や卵など、火の通りやすい食材を使ってパパッと時短で作れるレシピが豊富なので、ランチや忙しい日の夕食にピッタリです。

試合後

リカバリーカレー

水を使わず野菜の旨みと栄養をギュッと凝縮！ 長年アップデートを続けてきた、我が家の定番カレー。

POINT

- 鍋はSTAUBを使用。普通の鍋を使用する場合は、野菜を煮込む際に焦げつきそうであれば、様子を見て水少量（分量外）を足してください。
- トマト缶は時間がなければ直接鍋に入れてもOKですが、一度加熱することで旨みが凝縮されます。

材料（2〜3人分）

豚ロース肉…300g
玉ねぎ…3個
にんじん…1本
じゃがいも…2個
カットトマト缶…1缶
ローリエ…1枚
塩…小さじ2
塩麹（またはニンニク麹）…大さじ1
カレーパウダー（味つき）…70g〜お好みの量
ごはん…茶碗2〜3杯分
目玉焼き…2〜3個（人数分）

作り方

1 耐熱皿にトマト缶と塩小さじ1を入れて混ぜ、200度のオーブンで45分焼く。
2 豚肉はフォークで刺し、塩麹を塗って15分以上おく（ひと晩おくのがおすすめ）。
3 野菜は食べやすい大きさに切る。
4 鍋に玉ねぎ、豚肉、にんじん、じゃがいも、ローリエ、**1**、塩小さじ1を入れて火にかけ、ふたをして弱火で1時間じっくり煮込む。
5 カレーパウダーを入れて味を調える。ごはんとともに器に盛り、目玉焼きをのせる。

練習時

夏野菜キーマカレー

隠し味の調味料で、カレールウ少なめでもおいしく脂質をダウン。水なしで作るので、旨みが濃縮され本格的な味わいに。

POINT

・玉ねぎは飴色になるまで炒めると、より濃く深い味わいに仕上がります。
・どんな野菜を入れてもOKですが、水なしで作るので、水分が多めの野菜がおすすめです。

材料（2〜3人分）

豚ひき肉…400g
玉ねぎ…1個
にんじん…1/2本
ピーマン…2個
ズッキーニ…1本
しめじ…1株
塩…ひとつまみ
ニンニク…1かけ
カットトマト缶…1缶
ゆで卵…2〜3個（人数分）
雑穀米…茶碗2〜3杯分
A　コンソメ（顆粒）…小さじ1
　　ハチミツ…小さじ1
　　トマトケチャップ…小さじ1
　　ウスターソース…小さじ1
カレールウ…2〜3個
カレーパウダー…適宜
米油…適量
ブラックペッパー…適宜

作り方

1 野菜としめじはすべてみじん切りにする。
2 フライパンに米油とニンニクを入れて中火で熱し、香りが立ったら玉ねぎと塩を加えて炒める。
3 玉ねぎがきつね色になったらひき肉を加え、しっかりと炒める。
4 残りの野菜としめじ、トマト缶を入れて煮込む。具材がしんなりとしたらAを加え、5分ほど炒める。
5 カレールウを入れて溶かし、とろみがつくまで10分弱加熱する。
6 仕上げにお好みでカレーパウダーを加えて香りづけをし、器に雑穀米とともに盛る。ゆで卵をのせ、お好みでブラックペッパーをふる。

練習時

照りたまハイカロ丼

こんがりチーズに照り焼きソースがクセになる、ガッツリ食べたいときのスタミナめし！

材料（2〜3人分）

鶏もも肉…350g
卵…2個
焼きのり（三つ切り）…2枚
ごはん…1合分
ピザ用チーズ…適量
マヨネーズ…適量

A
- 砂糖…大さじ1
- 酒…大さじ2
- しょうゆ…大さじ2
- みりん…大さじ2

米油…適量

作り方

1. フライパンに米油をひいて中火で熱し、溶いた卵を入れて炒り卵を作り、一旦取り出す。
2. 鶏肉はひと口サイズに切り、米油をひいて中火で熱したフライパンで焼く。
3. 焼いている間にAを混ぜ合わせ、鶏肉の中まで火が通ったら、フライパンの余分な油をふき取り、Aを絡ませながら焼く。
4. 耐熱皿にごはんを敷きつめ、フライパンに残ったAのタレを適量かける。のり→炒り卵→**3**の鶏肉の順に重ね、残ったAのタレをさらにかけ、マヨネーズ、ピザ用チーズをかける。
5. トースターでチーズにこんがりと焼き色がつくまで焼く。

試合前

混ぜ混ぜビビンバ

POINT
・卵をのせればタンパク質をプラスできます。
・大人は白菜キムチを加えるのもおすすめ。

>>> **フライパンひとつでパパッとできて栄養不足も解消!**
試合前、試合後、どんなシーンでも出せる万能ごはん。

材料 (2~3人分)

豚ひき肉…200g
にんじん…1/3本
小松菜…1/2袋(100g)
もやし…1/2袋(100g)
ごはん…茶碗2~3杯分
A | 砂糖…大さじ1
 | 牛肉だしの素(顆粒)…大さじ1
 | しょうゆ…大さじ1
米油…適量
炒りごま(白)…適宜

作り方

1 にんじんは細切り、小松菜は3cm長さに切る。
2 フライパンに米油をひいて中火で熱し、ひき肉を炒める。
3 ひき肉の色が変わったら、にんじん、小松菜、さらにもやしをポキポキと折りながら入れて炒め合わせ、Aを加えて味をなじませる。
4 器にごはんを盛り、その上に**3**をのせ、お好みで炒りごまを散らす。

試合後

リカバリー麹クッパ

>>> **糖質&タンパク質が摂れて胃腸に優しいスープごはん。**
帰宅の遅い日のごはんに最適です。

材料 (2~3人分)

牛もも肉…230g
にんじん…1/3本
しいたけ…1個
切り干し大根(乾燥)
…5g
きくらげ(乾燥)
…3個(なくてもOK)
ニラ…1/4束
もやし…1/6袋
卵…1個
ごはん…茶碗2~3杯分
水…700ml
塩麹…大さじ1
A | ダシダ…小さじ2~3
 | 塩麹…大さじ1
韓国のり…適宜
炒りごま(白)…適宜
米油…適量
細ねぎ(小口切り)…適宜

作り方

1 牛肉は塩麹をもみ込んでおく。にんじんとしいたけは細切り、ニラは食べやすい長さに切る。
2 フライパンに米油をひいて中火にかけ、牛肉とにんじんを炒める。
3 ある程度火が通ったら水を加え、アクを取りながらニラ、もやし、切り干し大根、きくらげ、しいたけを加えて煮込む。
4 具材に火が通ったらAを加えて混ぜ合わせ、ひと煮立ちしたら卵を溶き入れ、お好みのかたさになったら火を止める。
5 ごはんを盛った器に**4**をかけ、お好みで韓国のり、炒りごま、細ねぎをのせる。

試合前

サバ缶ごはん

POINT

・サバ缶は骨まで柔らかく食べられるので、カルシウムの補給に◎。ただし、脂質も多めなので、食べ過ぎには注意しましょう。
・塩味が足りない場合は、塩を足すかごま油や粉末だしを加えてもおいしく食べられます。

>>> **手軽にカルシウムが摂れて疲労回復効果も！**
梅と大葉でさっぱり食べやすいひと品です。

材料（2〜3人分）

ごはん…2合分
サバ缶（水煮）…1缶
大葉…5枚
梅干し…3個
炒りごま（白）…適量
塩…ひとつまみ

作り方

1 梅干しは種を取り除いて刻み、大葉も刻む。
2 サバ缶は汁気を切り、熱したフライパンでほぐしながら焼く。
3 すべての材料を混ぜ合わせる。

試合後

豚肉とニラのリカバリー丼

POINT

ごはんの糖質と豚肉のビタミンB_1で疲労を回復！　ビタミンB_1はアリシンと一緒に摂ると吸収力がアップするので、ニラや玉ねぎなどと組み合わせることで、さらに疲労回復効果が高まります。

>>> **手軽に疲労回復したいときはこれで決まり！**
たくさんの品数を作れないときにも大活躍してくれます。

材料（2〜3人分）

豚ロース肉…280g
ニラ…1/2束
卵…3個
ごはん…茶碗2〜3杯分
塩麹…大さじ1
オイスターソース…大さじ1
水溶き片栗粉…水大さじ2＋片栗粉大さじ1
ニンニク（すりおろし）…1かけ
米油…適量

作り方

1 豚肉は塩麹をもみ込み、大きければ食べやすい大きさに切る。ニラは食べやすい長さに切り、卵は溶いておく。
2 フライパンに米油をひいて中火で熱し、ニンニクを入れて豚肉を炒める。
3 肉の色が変わったら、ニラとオイスターソースを加えて炒め合わせる。
4 水溶き片栗粉を入れてとろみをつけ、卵をまわし入れる。お好みのかたさになったら火を止め、ごはんを盛った器にかける。

試合前

高野豆腐de高タンパク丼

POINT

高野豆腐は、カルシウムや鉄、マグネシウム、ビタミンB、食物繊維など栄養が満点！　細切りタイプを使うと、戻し時間も短縮でき、味も染み込みやすいので便利です。

試合後

鮭と枝豆の炊き込みごはん

ひき肉に高野豆腐を加えてタンパク質を増量!
朝食や軽めのランチにもおすすめです。

材料　(2〜3人分)

高野豆腐(細切り・乾燥)
…15g
卵…2個
鶏むねひき肉…150g
ごはん…茶碗2〜3杯分
A | 水…300ml
| 白だし…大さじ2
| みりん…大さじ2
| しょうゆ…大さじ2
| 砂糖…小さじ1
| オイスターソース…小さじ1
水溶き片栗粉…少々
米油…適量
細ねぎ(小口切り)…適宜

作り方

1 ぬるま湯に高野豆腐を浸して戻しておく。
2 フライパンに米油をひいて中火で熱し、ひき肉を炒める。
3 肉に火が通ったらAを加え、水気をしっかりと絞った高野豆腐を加え、味が染み込むまで煮込む。
4 水溶き片栗粉を入れてとろみをつけ、溶いた卵をまわし入れる。
5 卵が好みのかたさになったら火を止め、ごはんを盛った器に盛り、お好みで細ねぎをのせる。

具材と一緒に炊飯器で炊くだけで
タンパク質たっぷりごはんの完成!

材料　(2〜3人分)

米…2合
鮭…1切れ
枝豆(さやなし)…10g
A | みりん…大さじ2
| しょうゆ…大さじ2
| 粉末だし…少々
塩昆布…5g
炒りごま(白)…適宜

作り方

1 炊飯釜にといだ米、鮭、枝豆、Aを入れ、2合目の分量まで水(分量外)を注ぎ、普通炊飯する。
2 炊けたら鮭の皮と骨を取って、塩昆布とお好みで炒りごまを加え、混ぜ合わせる。

練習時

タコライス

カレーの風味が食欲をそそる、子どもも大好きなタコライス！　とろ～り卵を絡めて召し上がれ。

POINT
ターメリックはより消化吸収を早めてくれるのでおすすめ。よりヘルシーにしたい場合は、ひき肉をゆがいてください。

材料（2～3人分）

豚ひき肉…200g
玉ねぎ…1/2個
A | トマトケチャップ…大さじ3
　ウスターソース…大さじ1
　しょうゆ…大さじ1
　カレーパウダー…大さじ1
　ターメリックパウダー…小さじ1（あれば）
ごはん…茶碗2～3杯分
米油…適量
【トッピング】
レタス・トマト・チーズ・アボカド・温泉卵…各適量
ブラックペッパー…適宜

作り方

1 玉ねぎはみじん切りする。トッピングのトマトとアボカドは角切りにする。
2 フライパンに米油をひいて中火にかけ、ひき肉と玉ねぎを炒める。
3 火が通ったらAを加え、炒め合わせる。
4 器にごはんを盛り、レタスを手でちぎりながらのせ、3のひき肉をのせる。トマト、アボカド、チーズ、温泉卵をのせ、お好みでブラックペッパーをふる。

練習時

脳育サバチャーハン

サバのDHAで脳を活性化! かつお節と青のりの風味で魚が苦手な子でも食べやすい味わいです。

材料 (2~3人分)

ごはん…1合分
サバ(骨なし)…2切れ
卵…1個
玉ねぎ…1/2個
小松菜…1袋(200g)
A 炒りごま(白)…適量
　かつお節…適量
　青のり…適量
　塩昆布…適量
しょうゆ…少々
刻みのり…適宜

作り方

1 玉ねぎと小松菜は細かく刻む。
2 フライパンを中火にかけサバを入れて焼き、火が通ったらほぐす。
3 玉ねぎと小松菜を加えて炒め合わせる。
4 溶いた卵を流し入れ、火が通ってきたらごはんを加えて混ぜ合わせ、Aを加えてさっと混ぜる。仕上げにしょうゆを加えて味を調える。
5 器に盛り、お好みで刻みのりをのせる。

試合後

明太高菜チャーハン

食感のよい高菜とピリッと辛い明太子の相性抜群! ひき肉と卵入りで、ボリュームも満点です。

材料 (2~3人分)

ごはん…1合分
鶏ひき肉…100g
高菜漬け(市販品)…大さじ2
明太子…1/2本
卵…1個
塩・こしょう…各少々
ごま油…小さじ1
刻みのり…適宜
明太子(仕上げ用)…適宜

作り方

1 フライパンにごま油をひいて中火で熱し、ひき肉を炒める。
2 肉に火が通ったらごはん、ほぐした明太子、刻んだ高菜を入れて炒め合わせる。
3 溶いた卵を入れて炒め合わせ、塩・こしょうで味を調える。器に盛り、お好みで刻みのりを散らし、仕上げ用の明太子をのせる。

試合前

勝負パスタ

POINT 豆100％麺を使うとタンパク質が摂れますが、普通のパスタでもおいしく作れます。

試合後

無水ペンネ

POINT
・ペンネ全体にトマトをかけるのがポイント。かかっていない部分があると、乾燥してかたくなってしまうので注意しましょう。
・ペンネの代わりに、ゆで時間短縮タイプのマカロニを入れるのもおすすめです。

勝負パスタ

高タンパク低脂質で、抗酸化作用もたっぷりなので、試合前のアスリートにピッタリ。

材料（1人分）

スパゲッティ（今回は豆100％麺を使用）
…100g
むきエビ…6尾
トマト…1/2個
オリーブオイル…少々
ニンニク（すりおろし）…1かけ分
ハーブソルト…小さじ1
ピザ用チーズ…ひとつまみ
ブラックッペッパー…適宜

作り方

1 鍋にたっぷりの湯を沸かし、スパゲッティを袋の表示時間通りにゆでる。
2 フライパンにオリーブオイルとニンニクを入れ中火で熱してエビを焼き、角切りにしたトマトを加えて炒める。
3 水気を切った**1**のスパゲッティとゆで汁少々を入れて乳化させ、素早く絡め合わせ、ハーブソルトとチーズを絡めて火を止める。
4 器に盛り、お好みでブラックペッパーをふる。

無水ペンネ

フライパンひとつで手軽に完成！野菜嫌いの子でもパクパク食べてくれます。

材料（2～3人分）

ペンネ（乾燥）…200g
豚ひき肉…150g
玉ねぎ…1個
にんじん…1本
セロリ（茎部分）…1本分
カットトマト缶…1缶
ローリエ…1枚
塩・こしょう…各少々
A　トマトケチャップ…大さじ3
　　コンソメ（顆粒）…大さじ1
粉チーズ…適宜

作り方

1 玉ねぎ、にんじん、セロリはみじん切りにする。
2 鍋に**1**の野菜→ペンネ→ひき肉→トマト缶の順に入れて塩・こしょうをふり、ローリエを加えてふたをして弱火にかける。
3 30分ほど加熱して具材に火を通し、Aを加えて味を調える。器に盛り、お好みで粉チーズをふる。

試合前

ワンパンサバ缶パスタ

POINT 辛いのがお好きな方は、ニンニクを炒めるタイミングで鷹の爪を加えるのがおすすめです。

》》》 **サバの良質なタンパク質や脂が摂取できて**
フライパンひとつで完結するお手軽パスタ!

材料 (1人分)

スパゲッティ…100g
サバ缶(水煮)…1缶
カットトマト缶…1/2缶
玉ねぎ…1/2個
お好みのきのこ…適量
ニンニク…1かけ
A | 鶏がらスープの素(顆粒)…大さじ1
 | 塩…小さじ1
 | 砂糖…小さじ1
水…300ml
オリーブオイル…適量

作り方

1 玉ねぎは薄切り、きのこは石づきがあれば切り落とし、ほぐす。ニンニクはみじん切りにする。
2 フライパンにオリーブオイルとニンニクを入れて炒め、香りが立ったら玉ねぎ→きのこ→汁気を切ったサバ缶の順で炒める。
3 水とトマト缶を加え、沸騰したらAを加えて混ぜ合わせ、スパゲッティを半分に折って入れ、袋の表示時間通りにときどき混ぜながらゆでる。

試合前

鉄分パスタ

》》》 **鉄分豊富なあさり缶に、キャベツのビタミンで吸収力アップ!**
シンプルな味つけで、子どもでも食べやすい味わいです。

材料 (1人分)

スパゲッティ…100g
あさり缶(水煮)…1/2缶
キャベツ…1〜2枚
ニンニク…1かけ
鶏がらスープの素(顆粒)…小さじ1
オリーブオイル…適量
塩・こしょう…各少々
パセリ(みじん切り)…適宜

作り方

1 鍋にたっぷりの湯を沸かし、スパゲッティを袋の表示時間通りにゆでる。
2 フライパンにオリーブオイルとみじん切りにしたニンニクを入れて中火で熱し、香りが立ってきたらあさり缶を汁ごとと、ざく切りにしたキャベツを加えて炒め合わせ、鶏がらスープの素を加えて混ぜ合わせる。
3 水気を切った**1**のスパゲッティとゆで汁お玉1杯分を**2**のフライパンに入れてよく絡め、塩・こしょうで味を調える。器に盛り、お好みでパセリを散らす。

試合後

サバトマそうめん

暑い日でもさっぱり食べられて栄養満点！ 子どもたちが夏休み中のランチにも重宝します。

POINT
お好みで、ブラックペッパーや七味唐辛子をかけるのもおすすめです。

材料（1人分）

サバ缶（水煮）…1/2缶
トマト…1個
A オリーブオイル…大さじ2
　めんつゆ（3倍濃縮）…大さじ1
　レモン汁…小さじ1
　ニンニク（すりおろし）…少々
そうめん…2束
大葉（細切り）…適量
炒りごま（白）…適量

作り方

1. ボウルに角切りにしたトマトと汁気を切ったサバ缶を入れ、Aを絡ませる（少し冷やすのがおすすめ）。
2. そうめんは袋の表示時間通りにゆで、冷水に取ってもみ洗いして水気を切る。
3. 器に2を盛り、1をたっぷりかけ、大葉と炒りごまをのせる。

練習時

鶏そば

>>> そばは、糖質のほか、食物繊維やミネラルも摂れる優秀食材。
じっくり炒めた長ねぎがおいしさを格上げしてくれます。

材料（1人分）

そば（乾麺）…1束
鶏もも肉…100g
長ねぎ…1/2本
A｜だし汁…300ml
｜しょうゆ…大さじ1
｜酒…大さじ1
｜みりん…大さじ1
米油…適量
七味唐辛子…適宜

作り方

1 鶏肉はひと口大に切り、長ねぎは3cm長さに切る。
2 鍋に米油をひいて中火にかけ、鶏肉と長ねぎを入れてじっくり焼く。
3 2にAを加えて煮立たせる。
4 袋の表示時間通りにゆでたそばを器に盛り、3をかけお好みで七味唐辛子をかける。

試合前

にゅうめん

POINT
・消化のよいそうめんは、試合前に食べればすばやくエネルギーになってくれます。
・卵は完全栄養食と言われますが、ビタミンCを加えるとさらに栄養バランスが整います。ほうれん草や白菜をトッピングに加えるのがおすすめ。

>>> 糖質をチャージしながら、体もぽかぽか温まる。
寒い日のエネルギー補給にピッタリ!

材料（1人分）

そうめん…2束
卵…1個
かまぼこ…3切れ
A｜水…350ml
｜しょうゆ…大さじ1
｜みりん…大さじ1
｜塩…小さじ1
｜生姜（すりおろし）…適量
細ねぎ（小口切り）…適量

作り方

1 鍋にたっぷりの湯を沸かし、そうめんを袋の表示時間通りにゆでてザルにあげる。
2 別の鍋にAを入れて沸騰させ、1のそうめんを加えて軽くほぐし、溶いた卵を回し入れる。
3 器に盛り、かまぼこと細ねぎをのせる。

COLUMN 4

補食におすすめ!

沼おにぎりレシピ

手軽に糖質補給ができて、タンパク質などの栄養素も摂取できる、最強おにぎりレシピをご紹介。
粗熱を取って冷凍保存しておけば、
子どものおやつに、ママの朝ごはんに、お弁当にと大活躍すること間違いなし!

手作り鮭フレークおにぎり

>>> 鮭フレークを作り置きしておけば
食べるときに混ぜるだけ!

材料（作りやすい分量）

ごはん…1合分
鮭…2切れ
たらこ…1本
長ねぎ…適量
みりん…大さじ1
炒りごま(白)…適量
ごま油…小さじ1
粉末だし…適量

作り方

1 鍋に湯を沸かして沸騰したら鮭を入れてゆで、火が通ったら皮と骨を取ってほぐす。
2 たらこは皮から身だけをほぐしておく。長ねぎは輪切りにする。
3 フライパンにごま油をひいて中火で熱し、1の鮭を入れて炒める。
4 2のたらこを加えて混ぜ合わせ、炒りごまとみりんを加えてさっと炒め合わせる。
5 ボウルにごはん、4、長ねぎ、粉末だしを入れて混ぜ合わせ、ラップに包んで1個100gほどずつ三角に握る。

鮭は炒めることで臭みが消え、食べやすくなります。塩味が足りない場合は、お好みで塩を足して調節してください。

ゆかりおにぎり

>>> ゆかりの爽やかな風味で
食欲もアップ!

材料（作りやすい分量）

ごはん…1合分
ゆかり…大さじ1〜2
お好みのチーズ…2個(約30g)
塩昆布…ひとつまみ

作り方

1 チーズは角切りにする。
2 ボウルにすべての材料を入れて混ぜ合わせ、ラップに包んで1個100gほどずつ三角に握る。

塩昆布はカルシウムやミネラルが含まれていますが、塩分も多いので入れ過ぎには注意しましょう。

カルシウムおにぎり

>>> おいしく食べて丈夫なカラダに。こんがり焼くのもおすすめ!

材料（作りやすい分量）

ごはん…1合分
お好みのチーズ…2個（約30g）
塩昆布…ひとつまみ
炒りごま（白）…適量

作り方

1 チーズは角切りにする。
2 ボウルにすべての材料を入れて混ぜ合わせ、ラップに包んで1個100gほどずつ三角に握る。

タンパクおにぎり

>>> 「鮭×枝豆」で動物性と植物性のタンパク質が一度に摂れる!

材料（作りやすい分量）

ごはん…1合分
鮭…1切れ
枝豆（冷凍）…110g
炒りごま（白）…適量
だししょうゆ…適量

作り方

1 鮭はお好みの方法で焼き、皮と骨を取ってほぐす。
2 枝豆は解凍し、さやから外す。
3 ボウルにすべての材料を入れて混ぜ合わせ、ラップに包んで1個100gほどずつ三角に握る。

鉄分おにぎり

>>> ツナと塩昆布で鉄分チャージ! イライラ防止やメンタルの安定にも◎

材料（作りやすい分量）

ごはん…1合分
ツナ缶（水煮）…1缶
お好みのチーズ…2個（約30g）
塩昆布…ひとつまみ
粉末だし…少々
ごま油…少々

作り方

1 ツナは軽く水気を切り、チーズは角切りにする。
2 ボウルにすべての材料を入れて混ぜ合わせ、ラップに包んで1個100gほどずつ三角に握る。

糖質アップおにぎり

>>> ほんのり甘くて
おやつ感覚で食べられる

材料（作りやすい分量）

ごはん…1合分
さつまいも（加熱済みのもの）…1/3本（100g）
ごま塩…適量

作り方

1 さつまいもは皮ごと角切りにする。
2 ボウルにすべての材料を入れて混ぜ合わせ、ラップに包んで1個100gほどずつ三角に握る。

さつまいもは、クッキングペーパーなどで包み、ごはんを炊くとき炊飯器に一緒に入れて加熱すると、調理の手間が省けます。

タンパク質アップおにぎり

>>> 甘めの炒り卵と
塩昆布の塩みが絶妙にマッチ！

材料（作りやすい分量）

ごはん…1合分
卵…1個
塩昆布…ひとつまみ
炒りごま（白）…適量
みりん…小さじ2
米油…適量

作り方

1 耐熱ボウルに卵を溶き入れ、みりんを加えて混ぜ合わせる。
2 フライパンに米油をひいて中火で熱し**1**を入れ、卵液を切るように箸を左右に動かし、炒り卵を作る。
3 ボウルにごはん、**2**、塩昆布、炒りごまを加えて混ぜ合わせ、ラップに包んで1個100gほどずつ三角に握る。

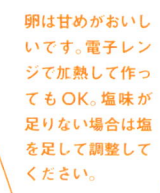

卵は甘めがおいしいです。電子レンジで加熱して作ってもOK。塩味が足りない場合は塩を足して調整してください。

ミネラルアップおにぎり

>>> タンパク質＆ミネラルを補給。
和の食材にチーズがアクセント！

材料（作りやすい分量）

ごはん…1合分
しらす…大さじ2
青のり…小さじ1
かつお節…1パック
お好みのチーズ…2個（約30g）
だししょうゆ…適宜

作り方

1 チーズは角切りにする。
2 ボウルにすべて材料を入れて混ぜ合わせ、ラップに包んで1個100gほどずつ三角に握る。

PART

5

タイミング命！

CATEGORY

COMPLEMENTARY FOOD

補食レシピ

小腹が空いたときや、練習や試合前のエネルギー補給にピッタリな補食レシピ。良質な糖質がチャージできて脂質は控えめなので、安心して食べられます。市販のお菓子はできるだけ避けたいという人や、白砂糖や添加物などを控えている人にもおすすめです。

試合後

のり塩餅

POINT
粉チーズやコンソメをまぶすのもおすすめです。

カリッともちっと、のり塩味で
食べ出したら止まらない簡単おやつ。

材料（2〜3人分）

切り餅…3個
水…小さじ1
青のり…適量
塩…適量

作り方

1 餅はサイコロ状に切る。
2 ボウルに餅、水、青のりを入れて混ぜ合わせる。
3 フライパンを中火で熱して**2**の餅を並べ、焼き目がつくまで焼く。器に盛り、塩をまぶす。

試合前

我が家の補食いなり

POINT
酢飯は口あたりがよく、腐敗も防げるのでアスリートにもおすすめ！　我が家では、補食として、ひきわり納豆の納豆巻きもよく食べています。

食べやすく手軽に糖質補給できるいなりは試合前などにも◎。
塩昆布で塩分もプラスできます。

材料（2〜3人分）

ごはん…1合分
A｜米酢…大さじ2
　｜砂糖…大さじ2
　｜塩…小さじ1
　｜塩昆布…適量
　｜炒りごま（白）…適量
いなりの皮（市販品）…1袋（10枚入り）

作り方

1 炊きたてのごはんにAを入れ、さっくりと混ぜ合わせる。
2 いなりの皮の中に**1**のごはん適量を詰めて、軽く握る。

試合後

バナナとハチミツの糖質トースト

POINT

吸収の早いバナナとハチミツは、試合前に最適。余計な脂質を控えるため、バターは塗らないのがおすすめです。

>>> 夫がナイター試合の前によく食べていたお手軽おやつ。
効率よく糖質を補給して、持久力をアップ!

材料（2~3人分）

バゲット…2～3切れ
バナナ…1本
ハチミツ…適量
シナモン…適宜

作り方

1 バゲットの上にスライスしたバナナをのせてハチミツをかけ、トースターで焼き色がつくまで5分ほど焼く。
2 皿に盛り、お好みでシナモンをかける。

練習時

ピーナッツトースト

POINT

ビタミンや良質な脂質を含むナッツですが、カロリーも高いので食べ過ぎには注意しましょう。

>>> 香ばしいピーナッツとハチミツの相性抜群!
糖質だけでなく、ビタミンやミネラルも同時に摂取できます。

材料（2～3人分）

バゲット…2～3切れ
ピーナッツバター（スムースタイプ）…適量
無塩ナッツ（くるみ・アーモンド・カシューナッツ）
…合計10g
ハチミツ…大さじ1～2

作り方

1 ナッツは包丁などで細かく刻む。
2 バゲットにピーナッツバターを塗り、その上に**1**のナッツをのせる。
3 トースターまたは魚焼きグリルに**2**を並べて2～3分焼き、お好みでハチミツをかける。

練習時

バナナ米粉パウンドケーキ

バナナと甘酒の自然な甘さを感じる体に優しいおやつ。切り分ければ持ち運びも便利なので、試合の日の補食にピッタリ。

材料（パウンド型1本分）

バナナ…2本
米粉ホットケーキミックス…200g
甘酒…150ml
卵…1個
スライスアーモンド…適量

作り方

1. オーブンは180度に予熱しておく。
2. バナナは、1と1/2本をフォークなどでつぶし、残り1/2本はスライスする。
3. ボウルにつぶしたバナナ、卵、ホットケーキミックス、甘酒を入れ、泡立て器でしっかり混ぜる。
4. オーブンシートを敷いた型に**3**を流し込み、スライスしたバナナとスライスアーモンドを散らす。
5. 180度のオーブンで25～30分焼き、粗熱を取って食べやすい大きさに切る。

練習時

米粉どら焼き

POINT

・あんこはなるべく有機のものがおすすめです。
・卵と豆乳、あんこが入っているので糖質と同時にタンパク質も摂取できます。

>>> **米粉のもっちり食感で腹持ちも抜群！**
あんこの優しい甘さにほっと癒されます。

材料（6〜8個分）

米粉ホットケーキミックス…200g
卵…1個
豆乳…150ml
小倉あん…150g〜お好みの量
米油…適量
クリームチーズ…適宜

作り方

1 ボウルにホットケーキミックス、卵、豆乳を入れてしっかりと混ぜ合わせる。
2 フライパンに米油をひいて中火で熱し、**1**を適量取って丸く広げ、気泡が出てきたら裏返し、両面焼く（少しつぶしながら焼くと、食べやすくなります）。
3 2枚の生地にあんことお好みでクリームチーズを挟む。

試合前

即席おはぎ

POINT

あんこは鉄分などのミネラルも豊富。きなこでタンパク質も摂取できます。

>>> **ごはんが余ったときに作ってほしい簡単おはぎ。**
手軽にエネルギーがチャージできます。

材料（6個分）

温かいごはん…茶碗1杯分
小倉あん…150g
きなこ…大さじ1
塩…ひとつまみ
砂糖…大さじ1
水…大さじ1

作り方

1 ボウルにごはんと水を入れ、しゃもじでこねるようにつぶし、6等分して丸める。
2 別のボウルにきなこ、塩、砂糖を混ぜ合わせ、丸めたごはんにまぶす。これを3個作る。
3 ラップにあんこ適量を平らにのせ、残りの丸めたごはんを包む。これを3つ作る。

練習時

揚げない! ごま団子

POINT

焼き餅以外のバリエーションに悩みがちな、切り餅の活用レシピです。餅は良質な糖質源のひとつなので、いろいろな調理法で積極的に使いましょう。

**マンネリになりがちな、切り餅を使ったアレンジレシピ!
カリッともちっと、食感の楽しいひと品です。**

材料 (3個分)

切り餅…3個
豆乳(または水)…大さじ1と1/2
お好みのあんこ…適量
炒りごま…適量

作り方

1 耐熱皿に餅と豆乳を入れてふんわりとラップをし、600Wの電子レンジで1分加熱する。
2 一旦取り出して混ぜ、さらに30秒加熱し、粗熱を取る。
3 その間に冷やしたあんこを3等分して小さく丸めておく。
4 **2**の餅を3等分して丸く整えて軽くつぶし、中にあんこを入れて包み、周りに炒りごまをまぶす。
5 魚焼きグリルまたはトースターで、5分ほどカリッとなるまで焼く。

練習時

アスリートチョコ

POINT

・デーツはヤシ科の果実。食物繊維が豊富で、疲労回復効果も期待できます。
・ココナッツオイルは抗酸化力が高く、免疫力アップにおすすめです。

**白砂糖不使用で、ビタミンやミネラルたっぷり!
アスリートやダイエット中のママにもおすすめです。**

材料 (2~3人分)

ココナッツオイル…50g
純ココアパウダー…40g
デーツシロップ…大さじ2~お好みの量
(同量のハチミツやオリゴ糖でも代用可)
オートミール…大さじ2
無塩ナッツ(またはドライフルーツ)…適宜

作り方

1 ココナッツオイルは溶かしておく。
2 **1**のココナッツオイルにココアパウダーを混ぜ、デーツシロップ、オートミール、お好みでナッツを入れて混ぜ合わせる。
3 バットにオーブンシートを敷き、その上に**2**を流し込み、冷蔵庫で冷やし固める。

練習時

腸活リカバリーアイス

POINT

チョコレートプロテインを入れたり、砕いたナッツやオートミールを入れてもおいしく食べられます。

白砂糖もチョコレートも不使用だから罪悪感なし!
暑い日のおやつに子どもも大喜びのひと品です。

材料（2〜3人分）

バナナ…2本
純ココアパウダー…大さじ2
甘酒…大さじ4
ハチミツ…小さじ2

作り方

1 保存容器にバナナを入れ、フォークなどでしっかりつぶす。
2 残りの材料を加えてしっかりと混ぜ合わせ、冷凍庫で2時間ほど冷やす。

試合前

塩キウイ

POINT

キウイフルーツは、マグネシウム、カリウム、糖分、カルシウムがバランスよく含まれていて、疲労回復や筋肉の修復に◎。アスリートにおすすめのフルーツです。

暑い日の塩分対策にピッタリなひんやりおやつ。
冷凍してストックしておけば、夏に大活躍すること間違いなし!

材料（2〜3人分）

キウイフルーツ…2個
塩…小さじ2

作り方

1 キウイフルーツは皮をむき、小さめのひと口サイズに切る。
2 全体に塩をまぶし、冷凍庫で冷やしかためる。

試合前

簡単ハチミツレモン

>>> **糖質&クエン酸で疲労を回復! そのまま食べても水や炭酸水で割って飲むのもおすすめです。**

材料 (作りやすい分量)

国産レモン…2個
ハチミツ…適量

作り方

1 レモンは薄めの輪切りにし、種を取る。
2 消毒した容器に1を入れ、レモンが浸るくらいまでハチミツを入れ、一晩おく。

試合後

リカバリースムージー

POINT
鉄分やビタミンCが豊富なので、イライラしたときにもおすすめです。

>>> **鉄分×ビタミンCで疲れを一掃! 甘酒の働きで腸内環境も整えてくれます。**

材料 (1杯分)

カットパイン(冷凍)…5個
小松菜…1株
甘酒…100ml
ハチミツ…適量
カットパイン(冷凍・飾り用)…適宜

作り方

1 小松菜はざく切りにする。ミキサーに飾り用のパイン以外のすべての材料を入れ、かくはんする。
2 グラスに注ぎ、お好みで飾り用のカットパインを添える。

シチュエーション別

こんなときどうする!?

献立の組み立て方

普段の献立はもちろんのこと、試合前日や試合当日などのシチュエーション別に、我が家でいつも食べている献立をご紹介します。
時期によって摂りたい栄養も異なるので、ぜひ参考にしてください。

タンパク質をしっかりチャージ!

練習時の献立例

COLUMN 5

1 ごはん
2 トマトとチーズのチキンステーキ(P.23参照)
3 ひじきの鉄分サラダ(P.58参照)
4 高タンパクサラダ(P.60参照)
5 もずくスープ(P.73参照)

POINT

トレーニングの強度や帰宅時間、天候や体調などを見て献立を決めていますが、基本は主菜のタンパク質をベースに、副菜や汁物でビタミンやミネラルなどの体調を整えるものをチョイス。旬の野菜を使うと、おいしくて栄養価もアップするのでおすすめです。

糖質メインの献立で持久力をアップ!

試合前日の献立例

1 ごはん
2 勝てる生姜焼き(P.14参照)
3 ほうれん草のごま和え(P.65参照)
4 蒸したさつまいも
5 しらす納豆
6 最強の豚汁(P.70参照)
7 フルーツ(パイナップル・いちご)

POINT
持久力をつけるため、我が家では試合の2日前から糖質を少しずつ増やす献立にしています。主食のごはんのほか、いも類を使った副菜やフルーツで糖質をプラス。刺身などの生ものや食物繊維が豊富な食材は控え、具だくさんのみそ汁で野菜もしっかり食べています。

消化がよく効率的に糖質をチャージ!

試合当日の献立例

1 我が家の補食いなり(P.96参照)
2 アスリート雑煮(P.72参照)
3 あさり缶としめじの卵とじ(P.49参照)
4 フルーツ(バナナ・キウイフルーツ・いちご)

POINT
脂質は抑え、消化がよくすばやくエネルギーに変換される糖質メインの献立に。我が家はいなりずしが定番!卵とじは消化にいいですが、しめじは食べ過ぎには注意。フルーツはビタミンも糖質も含まれているので、試合当日の朝は普段よりも少し多めに出しています。

好きなものをたくさん食べてリカバリー!

試合後の献立例

1. リカバリーカレー（P.80参照）
2. 絶品豚しゃぶサラダ（P.16参照）
3. 切り干しとあさりの鉄分お浸し（P.55参照）
4. フルーツ（パイナップル）

POINT

前日までに制限していたものや好きなものをたくさん食べて体力＆気力を回復！　我が家では食欲増進効果のあるスパイスたっぷりのカレーを食べることが多いです。疲労を回復してくれるビタミンB_1が豊富な豚肉や、鉄分が摂れる副菜を加えるのもポイント。

ビタミンD＆カルシウムで骨を強化

ケガをしたときの回復献立例

1. 雑穀米
2. ごちそう秋鮭（P.33参照）
3. 豆腐チャンプルー（P.46参照）
4. 切り干しキムたま汁（P.71参照）
5. ヨーグルトバナナきな粉がけ

POINT

骨を丈夫にするためには、骨を作るカルシウムと、カルシウムの吸収をサポートするビタミンDやKを摂るのが◎。切り干し大根でカルシウムを、きのこ類や鮭でビタミンDを摂取。我が家の豆腐チャンプルーは、カルシウムやタンパク質が豊富なのでおすすめです。

Index

主な食材別インデックス

肉・肉加工品

合いびき肉

鉄分麻婆豆腐 …… 22
なすとパプリカの中華炒め …… 48

牛切り落とし肉

具だくさんすき煮 …… 18

牛もも肉

リカバリー麹クッパ …… 83

砂肝

ねぎ塩砂肝 …… 31

鶏ささみ肉

ささみの簡単ヘルシー焼き …… 24
ささみの棒棒鶏風 …… 26
切り干しと豆苗のリカバリーサラダ …… 43

鶏手羽中

麹手羽中チキン …… 27
麹旨辛チキン …… 27

鶏手羽元

参鶏湯スープ …… 74

鶏ひき肉

鶏ひき肉と厚揚げのごはん泥棒 …… 28
びっくりいなり …… 29
栄養爆弾ハンバーグ …… 30
カルシウムボール …… 31
タンパクスープ …… 75
包まないワンタンスープ …… 76
高野豆腐 de 高タンパク丼 …… 85
明太高菜チャーハン …… 87

鶏むね肉

完璧な鶏ハム …… 25
鶏むね肉の甘酢和え …… 26

鶏もも肉

トマトとチーズのチキンステーキ …… 23
ミネラルチキン …… 25
アスリート雑煮 …… 72
照りたまハイカロ丼 …… 82
鶏そば …… 91

生ハム

生ハムキャロットラペ …… 57

豚ロース肉・豚ロース薄切り肉・豚ロースしゃぶしゃぶ用肉

勝てる生姜焼き …… 14
ちくわと長いもの肉巻き …… 15
豚キム巻き …… 16
絶品豚しゃぶサラダ …… 16
リカバリーカレー …… 80
豚肉とニラのリカバリー丼 …… 84

豚こま切れ肉

豚チーズロール …… 15
ごぼうと豚肉の甘酢和え …… 17
リカバリー麹ニラ豚 …… 17
豚こまでサムギョプサル風 …… 19
最強の豚汁 …… 70
食べるちゃんぽんスープ …… 77

豚バラ薄切り肉

豚バラでもつ鍋風 …… 20
豚切り干しキムチ …… 56

豚バラブロック肉

無添加ベーコンと野菜ロースト …… 21

豚ひき肉

3種のタンパク巾着 …… 22
タンパクちくわ餃子 …… 38
ひきトマチー …… 51
新感覚ポテサラ …… 63
担々スープ …… 74
夏野菜キーマカレー …… 81
混ぜ混ぜビビンバ …… 83
タコライス …… 86
無水ペンネ …… 88

豚レバー

我が家のレバニラ …… 32

魚介・魚介加工品

あさり缶

あさり缶としめじの卵とじ …… 49
切り干しとあさりの鉄分お浸し …… 55
鉄分チャウダー …… 75
鉄分パスタ …… 89

エビ

高タンパクサラダ …… 60
勝負パスタ …… 88

カニ風味かまぼこ

カニたまスープ …… 73

かまぼこ

レンチン茶碗蒸し …… 44
アスリート雑煮 …… 72
食べるちゃんぽんスープ …… 77
スープジャー×茶碗蒸し …… 78
にゅうめん …… 91

鮭・サーモン

ごちそう秋鮭 …… 33
サーモンマリネ …… 42
おつまみポキ …… 43
鮭と枝豆の炊き込みごはん …… 85
手作り鮭フレークおにぎり …… 92
タンパクおにぎり …… 93

さつま揚げ

食べるちゃんぽんスープ …… 77

サバ

サバトマ南蛮漬け …… 35
ごまサバ …… 35
サバの蒲焼き …… 36
サバののり塩 …… 36
脳育サバチャーハン …… 87

サバ缶

サバトマチーズ焼き …… 34
トマトとサバ缶の簡単サラダ …… 66
サバ缶ごはん …… 84
ワンパンサバ缶パスタ …… 89
サバトマそうめん …… 90

シーフードミックス

レンチン茶碗蒸し …… 44

しらす

ミネラルアップおにぎり …… 94

タラ

タラの甘酢和え …… 37

ちくわ

ちくわと長いもの肉巻き …… 15
タンパクちくわ餃子 …… 38
豆腐チャンプルー …… 46
罪な切り干し …… 55
オイマヨサラダ …… 60

ツナ缶

美腸活豆サラダ …… 47
飲めるトマト …… 50
セロリと大根のごまサラダ …… 54
長いもサラダ …… 62
モッチーズミネストローネ …… 77
鉄分おにぎり …… 93

ブリのあら

リカバリーあら汁 …… 69

ホタテ

ホタテソテー麹バターソース …… 38

マグロ

マグロのガーリックステーキ …… 37
おつまみポキ …… 43

野菜・きのこ

アボカド

サーモンマリネ …… 42
おつまみポキ …… 43
アボきゅうサラダ …… 59
アボカドキムチ …… 59

枝豆

鮭と枝豆の炊き込みごはん …… 85
タンパクおにぎり …… 93

えのきたけ

具だくさんすき煮 …… 18
腸活きのこ …… 49
きのこと切り干しの腸活みそ汁 …… 69
もずくスープ …… 73
参鶏湯スープ …… 74

エリンギ

ささみの簡単ヘルシー焼き …… 24

大葉

豚キム巻き …… 16
絶品豚しゃぶサラダ …… 16
タンパク巾着 …… 45
クセになる薬味サラダ …… 53
サバ缶ごはん …… 84
サバトマそうめん …… 90

オクラ

高野豆腐と野菜の焼き浸し …… 65

かぼちゃ

かぼちゃとさつまいものごま和え …… 62
どこにも負けない! デリサラダ …… 63

キャベツ・紫キャベツ

豚バラでもつ鍋風 …… 20
ごちそう秋鮭 …… 33
彩り野菜のラペ …… 64
担々スープ …… 74
モッチーズミネストローネ …… 77
食べるちゃんぽんスープ …… 77
鉄分パスタ …… 89

きゅうり

ささみの棒棒鶏風 …… 26
切り干しと豆苗のリカバリーサラダ …… 43
トマトともずくのサラダ …… 50
クセになる薬味サラダ …… 53
辛めのきゅうり …… 53
罪な切り干し …… 55
アボきゅうサラダ …… 59

小松菜

豆腐チャンプルー …… 46
切り干しとあさりの鉄分お浸し …… 55
ひじきと野菜の炒り豆腐 …… 57
麹ナムル …… 58
ひじきの鉄分サラダ …… 58
鉄分チャウダー …… 75
混ぜ混ぜビビンバ …… 83
脳育サバチャーハン …… 87
リカバリースムージー …… 102

ゴーヤ

ゴーヤチャンプルー …… 39

ごぼう

ごぼうと豚肉の甘酢和え …… 17
具だくさんすき煮 …… 18
コク旨ごぼうサラダ …… 54
最強の豚汁 …… 70
参鶏湯スープ …… 74

コーン缶

ひじきの鉄分サラダ …… 58
食べるちゃんぽんスープ …… 77

さつまいも

ささみの簡単ヘルシー焼き …… 24
さつまいものごまバター …… 61
きなこおさつ …… 61
かぼちゃとさつまいものごま和え …… 62
タンパクスープ …… 75
糖質アップおにぎり …… 94

しいたけ

具だくさんすき煮 …… 18
カルシウムボール …… 31
なすとパプリカの中華炒め …… 48
切り干しとあさりの鉄分お浸し …… 55
ひじきと野菜の炒り豆腐 …… 57
きのこと切り干しの腸活みそ汁 …… 69
切り干し大根のみそ汁 …… 71
切り干しキムたま汁 …… 71
アスリート雑煮 …… 72
もずくスープ …… 73
リカバリー麹クッパ …… 83

しめじ

無添加ベーコンと野菜ロースト …… 21
ささみの簡単ヘルシー焼き …… 24
ごちそう秋鮭 …… 33
サバトマチーズ焼き …… 34
腸活きのこ …… 49
あさり缶としめじの卵とじ …… 49
きのこと切り干しの腸活みそ汁 …… 69
リカバリーあら汁 …… 69
最強の豚汁 …… 70
包まないワンタンスープ …… 76
モッチーズミネストローネ …… 77
夏野菜キーマカレー …… 81

じゃがいも

無添加ベーコンと野菜ロースト …… 21
タラの甘酢和え …… 37
新感覚ポテサラ …… 63
最強の豚汁 …… 70
鉄分チャウダー …… 75
モッチーズミネストローネ …… 77
リカバリーカレー …… 80

ズッキーニ

無添加ベーコンと野菜ロースト …… 21
ズッチーズロール …… 52
高野豆腐と野菜の焼き浸し …… 65
夏野菜キーマカレー …… 81

セロリ

セロリと大根のごまサラダ …… 54
無水ペンネ …… 88

大根

泣かれる大根 …… 46
セロリと大根のごまサラダ …… 54
リカバリーあら汁 …… 69
最強の豚汁 …… 70
アスリート雑煮 …… 72
参鶏湯スープ …… 74

玉ねぎ・紫玉ねぎ

勝てる生姜焼き …… 14
トマトとチーズのチキンステーキ …… 23
サバトマ南蛮漬け …… 35
タンパクチヂミ …… 39
サーモンマリネ …… 42
おつまみポキ …… 43
飲めるトマト …… 50
ひきトマチー …… 51
新感覚ポテサラ …… 63
最強の豚汁 …… 70
タンパクスープ …… 75
鉄分チャウダー …… 75
モッチーズミネストローネ …… 77
リカバリーカレー …… 80
夏野菜キーマカレー …… 81
タコライス …… 86
脳育サバチャーハン …… 87
無水ペンネ …… 88
ワンパンサバ缶パスタ …… 89

豆苗

切り干しと豆苗のリカバリーサラダ … 43

トマト・ミニトマト・トマト缶

絶品豚しゃぶサラダ …… 16
トマトとチーズのチキンステーキ …… 23
ささみの簡単ヘルシー焼き …… 24
ささみの棒棒鶏風 …… 26
サバトマチーズ焼き …… 34
サバトマ南蛮漬け …… 35
美腸活豆サラダ …… 47
飲めるトマト …… 50
トマトともずくのサラダ …… 50
ひきトマチー …… 51
ミニトマトの和風マリネ …… 51
生ハムキャロットラペ …… 57
トマトとサバ缶の簡単サラダ …… 66
リカバリーカレー …… 80
夏野菜キーマカレー …… 81
勝負パスタ …… 88
無水ペンネ …… 88
ワンパンサバ缶パスタ …… 89
サバトマそうめん …… 90

長いも

ちくわと長いもの肉巻き …… 15
長いもサラダ …… 62

長ねぎ

具だくさんすき煮 …… 18
豚こまでサムギョプサル風 …… 19
ねぎ塩砂肝 …… 31
タンパク巾着 …… 45
クセになる薬味サラダ …… 53
長ねぎのとろとろ焼き …… 56
きのこと切り干しの腸活みそ汁 …… 69
リカバリーあら汁 …… 69
切り干し大根のみそ汁 …… 71
切り干しキムたま汁 …… 71
カニたまスープ …… 73
参鶏湯スープ …… 74
鶏そば …… 91
手作り鮭フレークおにぎり …… 92

なす

なすとパプリカの中華炒め …… 48

なめこ

きのこと切り干しの腸活みそ汁 …… 69

ニラ

リカバリー麹ニラ豚 …… 17
豚バラでもつ鍋風 …… 20
3種のタンパク巾着 …… 22
鉄分麻婆豆腐 …… 22
鶏ひき肉と厚揚げのごはん泥棒 …… 28
びっくりいなり …… 29
我が家のレバニラ …… 32
タンパクちくわ餃子 …… 38
タンパクチヂミ …… 39
豚切り干しキムチ …… 56
ニラだれ …… 64
担々スープ …… 74
リカバリー麹クッパ …… 83
豚肉とニラのリカバリー丼 …… 84

にんじん

無添加ベーコンと野菜ロースト …… 21
タラの甘酢和え …… 37
タンパクチヂミ …… 39
ニンたまサラダ …… 44
納豆麹 …… 45
コク旨ごぼうサラダ …… 54
生ハムキャロットラペ …… 57
ひじきと野菜の炒り豆腐 …… 57
麹ナムル …… 58
ひじきの鉄分サラダ …… 58

きのこと切り干しの腸活みそ汁……69
リカバリーあら汁……69
最強の豚汁……70
切り干し大根のみそ汁……71
切り干しキムたま汁……71
アスリート雑煮……72
タンパクスープ……75
鉄分チャウダー……75
包まないワンタンスープ……76
モッチーズミネストローネ……77
食べるちゃんぽんスープ……77
リカバリーカレー……80
夏野菜キーマカレー……81
混ぜ混ぜビビンバ……83
リカバリー麹クッパ……83
無水ペンネ……88

白菜

具だくさんすき煮……18
最強の豚汁……70
タンパクスープ……75
包まないワンタンスープ……76

パプリカ

タラの甘酢和え……37
なすとパプリカの中華炒め……48
高野豆腐と野菜の焼き浸し……65

ピーマン

タラの甘酢和え……37
夏野菜キーマカレー……81

ブロッコリー

無添加ベーコンと野菜ロースト……21
オイマヨサラダ……60
高タンパクサラダ……60

ほうれん草

ニンたまサラダ……44
ほうれん草のごま和え……65

まいたけ

腸活きのこ……49

ミョウガ

クセになる薬味サラダ……53

もやし

絶品豚しゃぶサラダ……16
豚バラでもつ鍋風……20
我が家のレバニラ……32
麹ナムル……58
もやしとわかめのナムル……66

担々スープ……74
食べるちゃんぽんスープ……77
混ぜ混ぜビビンバ……83
リカバリー麹クッパ……83

れんこん

ささみの簡単ヘルシー焼き……24
タラの甘酢和え……37

大豆製品

厚揚げ

具だくさんすき煮……18
鶏ひき肉と厚揚げのごはん泥棒……28

油揚げ

3種のタンパク巾着……22
びっくりいなり……29
タンパク巾着……45
切り干しとあさりの鉄分お浸し……55
切り干しキムたま汁……71
我が家の補給いなり……96

豆腐

豚バラでもつ鍋風……20
鉄分麻婆豆腐……22
ゴーヤチャンプルー……39
タンパクチヂミ……39
豆腐チャンプルー……46
ひじきと野菜の炒り豆腐……57
きのこと切り干しの腸活みそ汁……69

納豆

納豆麹……45
タンパク巾着……45

蒸し大豆

栄養爆弾ハンバーグ……30
タンパクスープ……75

卵

鶏卵

具だくさんすき煮……18
3種タンパク巾着……22
ミネラルチキン……25
ゴーヤチャンプルー……39
タンパクチヂミ……39
ニンたまサラダ……44
レンチン茶碗蒸し……44
豆腐チャンプルー……46
あさり缶としめじの卵とじ……49
ズッチーズロール……52
オイマヨサラダ……60
高タンパクサラダ……60
新感覚ポテサラ……63
切り干しキムたま汁……71
カニたまスープ……73
担々スープ……74
包まないワンタンスープ……76
スープジャー×茶碗蒸し……78
リカバリーカレー……80
夏野菜キーマカレー……81
照りたまハイカロ丼……82
リカバリー麹クッパ……83
豚肉とニラのリカバリー丼……84
高野豆腐 de 高タンパク丼……85
タコライス……86
脳育サバチャーハン……87
明太高菜チャーハン……87
にゅうめん……91
タンパク質アップおにぎり……94
バナナ米粉パウンドケーキ……98
米粉どら焼き……99

たらこ

手作り鮭フレークおにぎり……92

明太子

明太高菜チャーハン……87

ごはん・パン・麺類

ごはん・雑穀米

リカバリーカレー……80
夏野菜キーマカレー……81
照りたまハイカロ丼……82
混ぜ混ぜビビンバ……83
リカバリー麹クッパ……83
サバ缶ごはん……84
豚肉とニラのリカバリー丼……84
高野豆腐 de 高タンパク丼……85

鮭と枝豆の炊き込みごはん………… 85
タコライス…………………………… 86
脳育サバチャーハン………………… 87
明太高菜チャーハン………………… 87
手作り鮭フレークおにぎり………… 92
ゆかりおにぎり……………………… 92
カルシウムおにぎり………………… 93
タンパクおにぎり…………………… 93
鉄分おにぎり………………………… 93
糖質アップおにぎり………………… 94
タンパク質アップおにぎり………… 94
ミネラルアップおにぎり…………… 94
我が家の補食いなり………………… 96
即席おはぎ…………………………… 99

スパゲッティ

勝負パスタ…………………………… 88
ワンパンサバ缶パスタ……………… 89
鉄分パスタ…………………………… 89

そうめん

サバトマそうめん…………………… 90
にゅうめん…………………………… 91

そば

鶏そば………………………………… 91

バゲット

バナナとハチミツの糖質トースト…… 97
ピーナッツトースト………………… 97

ペンネ

無水ペンネ…………………………… 88

餅

3種のタンパク巾着………………… 22
アスリート雑煮……………………… 72
参鶏湯スープ………………………… 74
モッチーズミネストローネ………… 77
のり塩餅……………………………… 96
揚げない! ごま団子………………… 100

そのほか

梅干し

サバ缶ごはん………………………… 84

オートミール

アスリートチョコ…………………… 100

キウイフルーツ

塩キウイ……………………………… 101

切り干し大根

栄養爆弾ハンバーグ………………… 30
カルシウムボール…………………… 31
切り干しと豆苗のリカバリーサラダ… 43
罪な切り干し………………………… 55
切り干しとあさりの鉄分お浸し…… 55
豚切り干しキムチ…………………… 56
腸活みそ玉…………………………… 68
きのこと切り干しの腸活みそ汁…… 69
切り干し大根のみそ汁……………… 71
切り干しキムたま汁………………… 71
アスリート雑煮……………………… 72
もずくスープ………………………… 73
リカバリー麹クッパ………………… 83

高野豆腐

高野豆腐と野菜の焼き浸し………… 65
高野豆腐 de 高タンパク丼………… 85

米粉ホットケーキミックス

バナナ米粉パウンドケーキ………… 98
米粉どら焼き………………………… 99

こんにゃく

最強の豚汁…………………………… 70

しらたき

具だくさんすき煮…………………… 18

チーズ

豚チーズロール……………………… 15
豚キム巻き…………………………… 16
トマトとチーズのチキンステーキ…… 23
ミネラルチキン……………………… 25
カルシウムボール…………………… 31
サバトマチーズ焼き………………… 34
タンパク巾着………………………… 45
ひきトマチー………………………… 51
ズッチーズロール…………………… 52
アボきゅうサラダ…………………… 59
どこにも負けない! デリサラダ…… 63
モッチーズミネストローネ………… 77
照りたまハイカロ丼………………… 82
勝負パスタ…………………………… 88
ゆかりおにぎり……………………… 92
カルシウムおにぎり………………… 93
鉄分おにぎり………………………… 93
ミネラルアップおにぎり…………… 94
米粉どら焼き………………………… 99

白菜キムチ

豚キム巻き…………………………… 16
豚切り干しキムチ…………………… 56
アボカドキムチ……………………… 59
切り干しキムたま汁………………… 71

パイナップル

リカバリースムージー……………… 102

バナナ

バナナとハチミツの糖質トースト…… 97
バナナ米粉パウンドケーキ………… 98
腸活リカバリーアイス……………… 101

ひじき

栄養爆弾ハンバーグ………………… 30
ひじきと野菜の炒り豆腐…………… 57
ひじきの鉄分サラダ………………… 58

ピーナッツバター

ピーナッツトースト………………… 97

ミックスビーンズ

美腸活豆サラダ……………………… 47

もずく

トマトともずくのサラダ…………… 50
もずくスープ………………………… 73

レモン・レモン汁

生ハムキャロットラペ……………… 57
簡単ハチミツレモン………………… 102

わかめ

もやしとわかめのナムル…………… 66
腸活みそ玉…………………………… 68
きのこと切り干しの腸活みそ汁…… 69
カニたまスープ……………………… 73
包まないワンタンスープ…………… 76

Epilogue

本書を最後まで読んでいただき、ありがとうございます。
料理が苦手だった私ですが、みなさんのアスリートめしのハードルを下げることができたならこんなにうれしいことはありません。

そして私のInstagramでは、スポーツを頑張る子どもをサポートするママたちのお悩みを、フォロワーさんも含めみんなで解決をしたり、サポート側のマインドなども話したりしているので、とても結束力が強いんです。よかったら覗いてみてください。

最後に、なんの取り柄もなかった私がみなさんのおかげで本を出版できたことに感謝いたします。

一番近くで笑顔でいてくれる夫と子どもたちを、これからも食で労って、癒して、健康を守っていきたい。それが、私からの最大のギフトだと思っています。

夢に向かって頑張っている子どもたちと、毎日見守りながらサポートするママたちに愛と激励を込めて……♡

ぴー

ぴー

アスリートフードマイスター３級。元サッカー選手の夫と、サッカー少年＆偏食娘のママ。アスリートめし歴10年以上。スポーツを頑張る家族を支えるためのレシピをInstagramで発信したところ、わずか１年でフォロワーが14万人を突破。家にある材料で、簡単・時短、でも栄養満点で作りやすいと話題に。

Instagram:@athletefood_jp

スポーツキッズとママを応援(おうえん)!

結果(けっか)に差(さ)がつく勝負(しょうぶ)めし

2025年4月30日　初版発行

著	ぴー
発行者	山下 直久
発行	株式会社KADOKAWA 〒102-8177 東京都千代田区富士見2-13-3 電話0570-002-301（ナビダイヤル）
印刷所	TOPPANクロレ株式会社
製本所	TOPPANクロレ株式会社

●お問い合わせ
https://www.kadokawa.co.jp/（「お問い合わせ」へお進みください）
※内容によっては、お答えできない場合があります。
※サポートは日本国内のみとさせていただきます。
※Japanese text only

定価はカバーに表示してあります。

ISBN 978-4-04-607348-8 C0077